事業と地域共生社会をめざす福祉教育

ふくし対話　この人と語る

福祉が教育する

共生社会への接点を探す福祉教育

田村真広

たむら・まさひろ
千葉県出身。北海道教育大学の社会科教育講座で教員養成を担当。2001年度から福祉科教育法の担当で日本社会事業大学に採用。シチズンシップや児童福祉に興味があったこと、ボランティア学習の研究で池田幸也先生に出会っていたこと、新教科「福祉」を創る仕事に魅力を感じたことが背中を押した。日本福祉教育・ボランティア学習学会の事務局長を務め始めた時に東日本大震災が起きて、「絵本プロジェクト」に没頭したことが印象に残っている。

×

奥山留美子

おくやま・るみこ
山形県出身。県立高校教員として長年勤務。高校の福祉科開設に伴い教科「福祉」を担当し、福祉教育の第一歩を踏み出す。教育行政や校長を経験し定年退職。現在は主任児童委員。東北文教大学、羽陽学園短期大学非常勤講師。山形県福祉教育・ボランティア研究協議会代表。日本福祉教育・ボランティア学習学会特任理事、本誌編集委員。「地域と学校をつなぐ」をキーワードに活動している。

●福祉教育との出会い

田村　先生との初対面は、中央法規出版の会議室でした。

奥山　はい。福祉科目の年間指導計画などを担当させていただきました。また、現任講習のテキスト作りや講習の講師も経験させていただきました。

田村　あの分厚い冊子ですね。現任講習で1500人養成したと聞いています。こうやって新教科と教員をつくっていくんだなと思い知らされました。

奥山　大学では並行して教員免許に福祉が加わったわけですが、福祉科の卒業生が免許を取りたいと大学に進学しても、まだそのカリキュラムができていない時期で結局、採用試験を受けられないなど卒業生は苦労しました。

田村　その頃のエピソードはいろいろ聞きます。大変だけれども、皆さんが生き生きとやってらっしゃるのを見て、思わず引き込まれました。

奥山　そうですね。福祉を担当するようになってから世界が広がったと思っています。福祉は人との関係や出会い、きっかけがあっていろんな関わりをつくっていきます。狭い範囲でやっていた教員が全国の高校の先生方や大学の先生方、施設関係の方々とつながりができ、非常にいい勉強になっています。つながることの楽しさを知ったということでしょう。反面大変ですけれど。

田村　高校で日頃の授業をやりながら、こうした仕事を並行してやられている、パワフルな先生方だと感じていました。

奥山　ゼロからの出発の時期でした。だからこそ他校の先生に授業を見せてと言えるし、教えてと頼める。他県の高校に集まって授業を見せていただくことを日常的にやれたのは良かったと思います。私達はラッキーな世代だったのだと思います。

●教育実習指導を通してつながる

田村　その後も福祉教育・ボランティア学習学会の研究活動でつながっているし、教育実習では山形県にゆかりのない学生まで面倒を見ていただき、その実習を体験した卒業生とは今でもつながりをもっているので、本当に山形での教育実習は鍵だったと思います。

奥山　田村先生の教え子さんをお引き受けしましたが、他県に教育実習に来るのは大変ですよね。ホテル暮らしをしながら、しかも福祉系の学生は必ずしも教員になるわけではない。その中で勉強し、楽しさや苦しさを体験し、教員になった学生がいたというのは本当に素晴らしいですよね。

田村　初心をそこで刻んだという出来事でした。

奥山　あの頃、私は担任をしていましたが、クラスの生徒は実習生の姿に刺激を受けていました。だから、実習生のためだけの教育実習ではなく、学校としても活性化につながったと思います。田村先生には高校に来ていただき、私達教員の勉強会も開かせていただいていました。

田村　今の話は大学生の教育実習の場に高校の教員や大学の教員が集結して学びあう場にしちゃおうという試みだったわけです。それを許してくれた高校も素晴らしいですが、そこに集まってくるニーズがあったと思うのです。今はどうなのでしょうね。奥山先生や他の先生の授業を見せてもらったり、実習生の授業の合評会や先生方と研究会をやったりといろんなことをしました。奥山先生の授業に利用者役で参加させてもらったこともあり、心地よい緊張感と楽しさがありました。

奥山　福祉の教員の数が少ないので、他教科の教員や校長先生、外部の方にも協力を仰いでいました。例えば、異性介護について、女性の立場と男性の立場から意見を聞きたいということで、介護現場の人を呼んで話を聞いたり、同じ学校の教員の意見を聞くと、男性からは自分はむしろ女性に介護されたい、女性からは女性に介護されたいとおっしゃる。それを聴いていた生徒が意見を交わすなど、いろんな視点から授業を組み立てることができていました。どこからアプローチしてもOKと考えることができました。ある程度経験があったからできたのだと思います。

田村　生徒の問いではなく、福祉担当教員の悩みだったのですね。

奥山　はい。将来的に福祉の専門職に就くであろう目の前の生徒たちが、いろんな壁にぶつかるわけですよ。だから正解はなくとも考えさせたい。福祉職に就かずとも、もう少し根本的な、国民の教養としての福祉よりはやや専門的に幅を広げたいという感じでやっていました。田村先生をはじめ県外のいろんな先生方に来ていただいたのはとても刺激になりました。田村先生はいつもビデオカメラで撮っていましたね。大学の振り返りの授業におじゃましたら、休み時間の私が撮られていて休み時間も教員はこうしているというネタになっていたわけです。でもそうしないと、教員が教壇だけで教えているわけではないとわかりませんものね。

田村　最近は撮影許可を得るのが難しく、事後指導もやりにくくなりました。

奥山　学生さんには教科の授業のほかに学校行事などいろんなところに顔を出してもらい、生徒理解につなげてもらいました。

田村　僕は生徒指導と教科指導は同じくらい大事だと思っています。福祉の場合は非常に密接です。だから学級担任としての指導、生徒理解と教科の指導は切っても切り離せない。教育実習の本質だといってもいい。

●福祉教育の魅力

奥山　高校は3年間ありますが、同じ内容を教えるにも1年生に教えるのか、3年生に教えるのかで違ってきます。当然発達段階があり、周辺科目の既習内容も異なるからです。その点もとても魅力に感じます。

田村　最初は自分の中にあるもうひとりの自分を発見すること、クラスの仲間の生活背景に気づくこと、やがて利用者の背景に気づくことなどに繋がり発展していく。同じ内容を学んでも深まりが違ってきますね。

奥山　介護福祉士の**養成校**(注)か否かでも深め方は違います。でも深め方は違っても大橋謙策先生がおっしゃる国民の教養としての福祉は誰にでも必要だと思っています。裾野の部分で福祉教育が広がればいい、裾野が広い分だけてっぺんも豊かになるわけですよね。願わくば普通教科「福祉」としてありたいですが、専門教科として誕生したのでこれが基本になる。ここが充実、発展しなければならないです。20数年間取り組んできたことでもあります。

田村　モデルになる大人に出会えるのが教科「福祉」だと思うんです。家族だけでは負いきれない課題があって、それをちゃんとサポートする大人がいると知ることが大事です。豊かな可能性を持っている教科だと思います。

奥山　教科としての福祉は高校から始まりますが、中学校や小学校とのつな

（注）養成校　介護福祉士の国家試験受験資格が得られる教育課程を置く高等学校

がりを意識してやっていくことが大切だと思っています。高大の連携は考えながらやられていますが。

田村　教育課程の接続は重要ですね。高校教育の形が今後どう変わっていくのかに関心があります。15歳から18歳までの年齢層だけでなく、もっと幅広い年齢層もいたら変わってきます。

奥山　学校の中もそうですが、むしろ学校外で結びつく機会を増やしたいと思います。学科や年齢にとらわれず地域で育ててもらえる、教師は背中を押す役割でいい。現在、地域の仕事をしていることもあり、学校と地域をつなぎたいと思っています。

●福祉が教育する

奥山　ところで、田村先生の論文に「中動態」とありましたが、わかりやすく教えていただけますか。

田村　「福祉が教育する」と聞くとピンと来るものはありませんか。福祉は主体そのものではないけれども、福祉活動ではいろいろな人間の働きが見えてきますよね。様々な人間の働きと関わりが人を育てる。「福祉が教育する」でも「ボランティアは学習だ」でも、自ずと中動態の考えが導かれます。

奥山　福祉が、と言ったときは少なくとも一人じゃないわけですね。

田村　利用者と専門家の関係も見えるし、利用者と家族も見えてくる。全てが見えてくるでしょう。福祉が、と言ったときに見えてくる事態を中動態としてとらえる。主体がたくさんある。

奥山　主体がたくさんある。

田村　客体と言われている人も、実は主体のような働き方をすることがある。

奥山　それをひっくるめて中動態と称しているのですか。

田村　誰かが「福祉が教育する」と唱えると楕円が描かれる。楕円の中にはいろんな主体がいる。楕円内ではしたりされたり支え合う関係が営まれている。学生を指導しながら、リアクションによって学ばされているし、時々反省もする。学生に許されて育てられているのは日々感じることです。そういう関係性を中動態と言うのだけど、効率性を追求する社会、専門家や責任者とか権力を持った人が下の者を従わせるような関係性のもとでは中動態的な考え方はどこかに行ってしまう。

奥山　あり得ないと。

田村　能動対受動の関係性が出現します。世の中はどちらが主導権を握っているかという話なんですが、校長の人柄や指導方針によっては能動対受動がはびこってしまう。「任せる」と言って見守ってくれる校長のもとでは、能動対中動関係のもとで教員と生徒が学び合える。楕円の中では相互影響で何事かを生み出す。現代社会には両側面があるんだけれども、コロナ禍ではすごく能動対

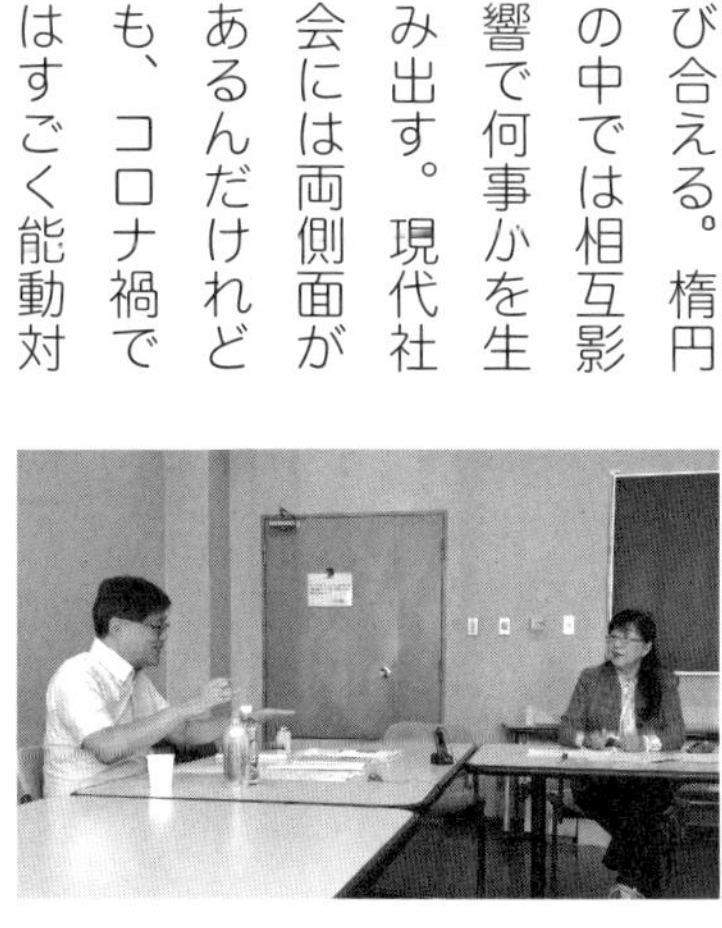

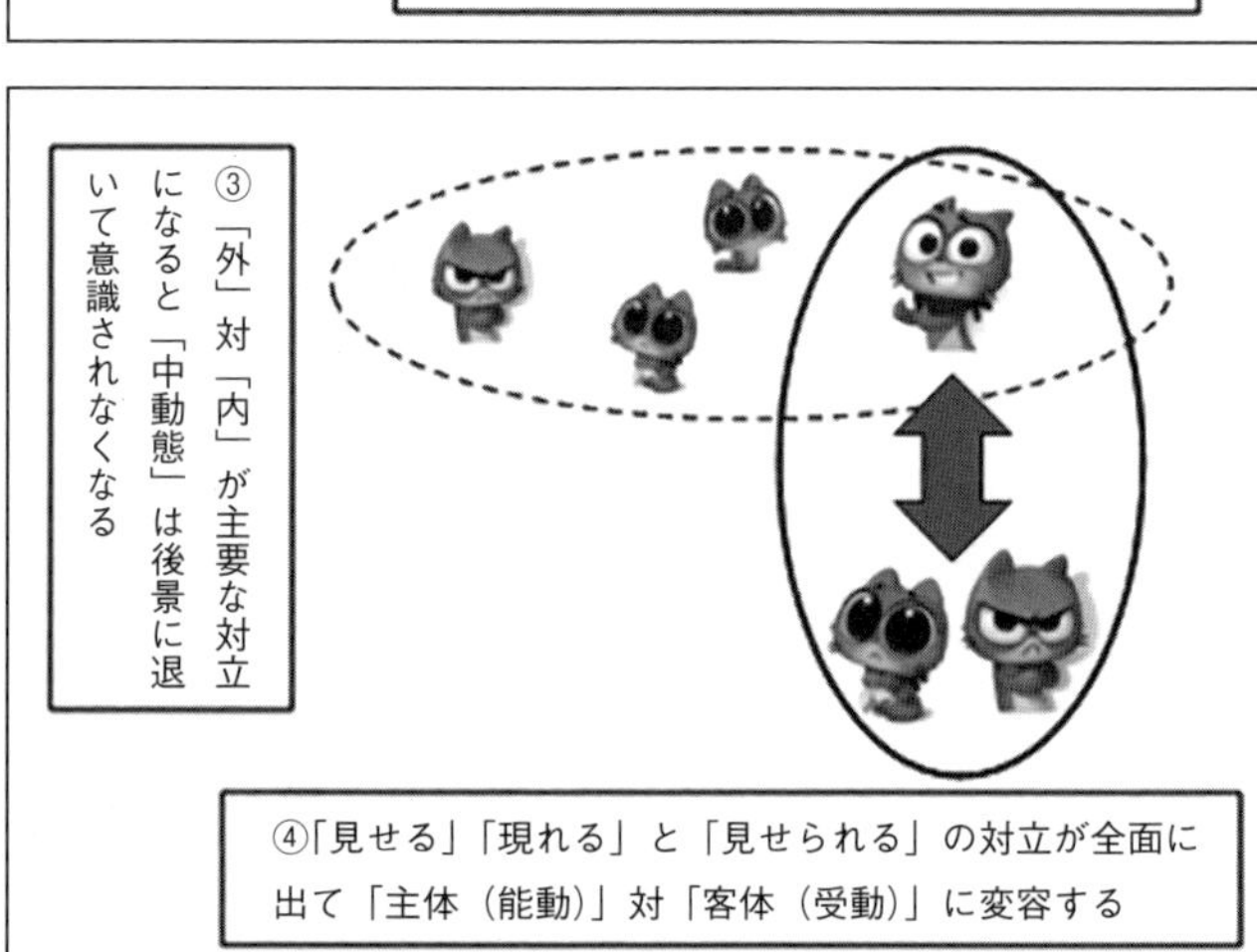

國分功一郎・熊谷晋一郎『〈責任〉の生成〜中動態と当事者研究』（105頁）を参考に筆者作成

受動の関係が強まってしまった。とにかく3密禁止の徹底。

奥山　コロナ禍は言葉では支え合いましょうと言うけれども、言葉だけの世界になり隔絶や差別、偏見を助長した。

田村　分断された3年間だった。

奥山　そうですね。しかも、現在も色濃く残っている。

田村　それが本当に懸念されること。僕も学生にうつしてほしくないと思っちゃうんです。うつるとこっちが弱いから、距離を置こうと意識が働くじゃないですか。マスクしていない学生をちょっと嫌がる（笑い）。小さなことで分断が生まれる。そういう世界。

奥山　授業中は席を離し、グループ学習もできない期間でした。今年度大学1年の学生にボランティア経験のアンケートをとったところ、高校3年間は一切外部には出ず、部活動も停滞していた。これは、大人の私たちがそういう生活を過ごすのと、高校3年間や大学の4年間を過ごすのとではわけが違う。その後の世界はどうなるのかと思いますよね。

田村　コロナ世代がつくる社会という言葉が生まれてきちゃう。

奥山　会社とかに入って人間関係をつくれるか心配ですね。高校や大学はある意味トレーニングの場でもあるわけで、好きな人同士だけでなく、いろんな人と関係づくりをする練習の場でもある。だから、あえて地域にも出して、いろんな人に出会わせたい。感染症だけじゃなくて、経験のない出来事がいつまた起こるかもしれない。

田村　コロナ禍の息苦しさを説明する言葉はないかと探して1つ出会ったのが、この中動態論でした。もう少し賢くなってパンデミックを生き抜く知恵を得なきゃいけない。中動態論はいろいろ示唆を与えてくれる理論だなと考えたわけです。でも、福祉教育をやっている人は、言われてみればそうだなって気づくはずです。何かやるときに、小さい楕円を意識して、コミュニティを創る。一人ひとりが主人公になるように進める。そういうことを考えながらやるでしょう。

奥山　楕円というのは大きい楕円も小さい楕円もありえるわけですね。

田村先生は「コロナ禍はすべての人を当事者にした」と書いていますけど、まさにそうですね。

田村　ところが、楕円に入りたくない人がいっぱい出ちゃった。内側からも出たし、外側からも厳しいまなざしを向けられた。できれば当事者にはなりたくないと。

奥山　やっぱり人間って、誰もがそういういやらしいところを持っているわけですね。きれいごとだけじゃなく、いやらしいところだけ前面に出てくる社会になったらどうなるんですかね。

田村　確かに嫌なものを見せられたという点ではマイナスなんだけれども、能動対受動から表に出てしまったら、あとは受け止めればいい。いったん受け止めてから楕円に戻せばいろんなことにつながってくるんですよ。それこそ隠れていたものが出てきたのが、ジャニーズ問題。あれは児童虐待の問題でもある。身の回りのことで、本当は表にでなきゃおかしいのに誰かが我慢していたりする。

奥山　気づかないふりして。

田村　福祉教育はそこに切り込んでいく。大丈夫だよ、何とかなるよという道を探り当てるような学びですよね。

奥山　身近なところに気づかせる題材選びが重要で、学習者に学びを実感させる教科ですね。いろんな教科と融合させる働きもあると思うんですよね。

田村　本質に迫ってきた。

奥山　だからすごく面白いし、皆さんがやっていることが非常に価値のあることだと思うのです。

田村　その価値に自信を持ちたいです。もっとオープンにしていきましょう。

奥山　地域には、自分たちのところを良くしようと、ボランティアでやっている人がたくさんいます。でも意外と知られていない。やっぱり人は認められたいから、あなたは素晴らしいことをしているのよという価値付けの機会が必要なんです。コロナ禍のおかげでＩＣＴ機器を使いこなせるようになった人も多いし、高校現場では対面では話せなくともｚｏｏｍだと緊張せずに質問できたという話も聞いています。

田村　今は対面中心だからｚｏｏｍにも意味がある。ＬＩＮＥですぐ連絡もできる。「コロナ禍で経験したことをもっと学び合うことが必要だと思う。

奥山　どんどんいろんなものを取り入れながら、ウィズコロナを経た福祉教育やボランティア学習がさらに豊かになるようにしていきたいですね。

巻頭言

他者と協働して新しい価値を生み出すこと

永田 祐

● profile
ながた・ゆう
同志社大学社会学部教授。専門は地域福祉。厚生労働省の成年後見制度利用促進専門家会議、地域における住民主体の課題解決力強化・相談支援体制の在り方に関する検討会等の委員を務める。日本学術会議連携会員、日本地域福祉学会会長。

◆他者と協働する機会と経験

先日、阪南市社会福祉協議会の「子ども福祉委員」の取組について伺う機会があった。この取組が6年前にスタートした時の当時中学2年生だった初代のメンバーは、現在大学生になっている。その大学生のひとりから、「この町の子どもたちは、市街地から遠く、塾の自習室に行くにもバスと電車を乗り継いで行っている。せっかく近くにきれいな住民センターがあるんだから、そこを活用して子どもが自由に勉強できる場をつくりたい」という提案があったという。提案は、校区福祉委員や社協が協力して、夏休みに勉強ができる場「なつやすみ宿題デー」として実現した。この6年という時を経た活動の波及性に、福祉教育の成果は短期的に現れるものではなく、長期的な視点が必要だということを改めて実感したのだが、さらに印象深いエピソードを聞いた。

大学生の提案に喜んだ社会福祉協議会の職員は、この顛末をまとめるために大学生にインタビューをした。職員は、中学生の時の経験がこうした提案につながっていることを話してくれることを期待して、提案の動機を掘り下げようとしたのだろう。しかし、当の大学生は「別に…僕はずっとここに住んでいるし」と少し困惑気味に話すだけだったという。職員が期待した答えではなかったが、この「別に」の言葉になぜか嬉しくなったそうだ。

そのことの意味を考えてみると、彼にとっては、中学生時代と同じように一人の住民として気づいたことを実行しただけで、それほど特別なことをしたという感覚がなかったのではないだろうか。地域のために、と意気込んでいるわけではなく、自然体で行動しているだけなので、理由を聞かれて困ってしまったのだろう。このエピソードは、地域共生社会が目指す姿とそこに介在する活動のあり方に非常に示唆的だ。みんなで地域共生社会を目指しましょうと声高く訴えなくても、他者との関係の中で必要とされたり、ありがとうと言われたり、一緒に何かをつくりだした経験は、人がコミュニティの一員として行動することを自然に促すのだろう。

◆思いがゆるやかにつながる場

では、他者と協働する機会は、どのように生み出していけるのだろうか。重層的支援体制整備事業では、対象や属性を問わず地域づくりに取り組むことができるので、裁量の余地が大きい。自治体職員は、つかみ所がないと感じるかもしれないが、制度の枠を超えて自由に出会いと協働の機会をつくっていくことができる事業でもある。

福岡県久留米市では、地域づくり事業においていわゆるプラットフォームづくりに取り組んでいるが、参加者が暮らしの中で感じた自分のロマンを話し、残りの人は心を開きロマンに浸る会を「はじロマの会」と名付けて継続してきた。地域課題を前面に出すのではなく、参加者は自分が地域の一員として感じている「ロマン」を語るだけの会である。しかし不思議なことに、会が終わると、初めて会った人同士が、あたかも前から知っている人かのような距離感で話すようになり、その後の関係が簡単に形づくられ、連携した事業なども生まれたという。滋賀県高島市では、いわゆるプラットフォームとしてつくってきた協議体の中で、保護猫活動をしている人とひきこもり状態にある方の支援を行っている団体がそれぞれの思いを聞く中でたまたまつながって、猫が好きなひきこもり状態にある人が外に出るきっかけができたという。このようなゆるやかな出会いの中で、点と点が「偶然」つながり、自然と協働が生まれていくような場が、重層的支援体制整備事業の中で生まれはじめている。

一方で、「課題を投げかける」という表現に代表されるように、これまでの福祉関係者の地域づくりへのアプローチは、地域課題を住民と共有し、それを理解した住民が活動に向けて動き出す、という物語が中心になってきた。こうしたアプローチでは、困っている人の存在を知らない住民への啓発が重視される。もちろん、実際に困り事を抱えた人への関わりが、それに関与した人の意識を変える貴重な機会になることは多くの実践者が現場で実感していることである。しかし、こうしたアプローチだけでは、多様な人の参加につながるような地域づくりを進めていく上で限界があることも多くの実践者の実感だろう。制度や専門職が設定する「地域課題」ではなく、思いをもった人同士がゆるやかにつながる場をつくり、多様な協働の形を地域の中に生み出していくことができれば、他者と協働する機会も広がっていくのではないだろうか。

他者と協働して新しい価値をつくり出す力は、義務や押しつけでは生まれないし、制度や課題といったこちらの都合で枠をはめても豊かにならないように思う。分野や制度の枠を超え、主体性を発揮する機会が広がれば、それが暮しの中でも自然に発揮されて、波及していく。本特集は、これまでの福祉教育の取組を活かしながら、こうした機会を地域の中に生み出していくために大いに参考になるはずである。

論考・調査・報告①

参加支援と地域づくりの結節点としての福祉教育の意義

川島ゆり子

● profile
かわしま・ゆりこ
日本福祉大学社会福祉学部教授
専門分野は地域福祉、コミュニティソーシャルワーク。愛知県コミュニティソーシャルワーカー養成研修講師、大阪府地域福祉コーディネーター養成研修講師ほか、総合相談支援人材養成研修講師を多数の自治体で担当。

1　包括的支援体制における自律性

地域共生社会の実現を目指し政策が形成されていく過程の議論の中で、「地域共生社会に向けた包括的支援と多様な参加・協働の推進に関する検討会（地域共生社会推進検討会）最終とりまとめ」（座長：宮本太郎 中央大学教授）が2019年12月に公表された。そのなかで、包括的支援体制が目指す対人援助は「一人ひとりの生が尊重され、複雑・多様な問題を抱えながらも、社会との多様な関わりを基礎として自律的な生を継続していくことができるように支援する機能の強化が求められている。」と示された。

注目したいのは、「複雑・多様な問題を抱える人に対して、支援する機能の強化を目指す」という目標に「自律的な生の継続」という支援目標を重ねたという点である。単に支援につながらない人をサービスにつなぐということにとどまらない、重層的支援体制整備事業（以下、重層事業）の中核概念としての「自律的な生」とは何を指すのかについて、福祉教育との関連性を視野に入れながら考えてみたい。

広辞苑によると、自律とは「自分の行為を主体的に規制すること。外部からの支配や制御から脱して、自身の立てた規範に従って行動すること」とされており、いかにも強い意志を持つ独立した個人の姿がイメージされる。生きづらさが何重にも絡まり合い、支援を求めることもできないような状況の人にとっては、余りにも遠い目標のように思われるのではないだろうか。

重層事業に位置付けられた多機関協働による「重層的支援会議」は、支援のはざまの状況にあるような人に対して、支援を受けることに同意する「本人同意」を必須とし、「支援プランニング」という本人から見れば他者が立てた規範にそって課題を解決していくということを目指すことになる。つまり、重層事業は地域共生社会を目指す方法となるはずが、一歩間違えると、本人の自律を奪い、他者からのコントロールを強化することにもなりかねず、また、本人同意ができるか、自分のありたい姿を他者に伝えることができるかという表出能力の差によって支援につながる機会の序列化が起こるという、制度の自己矛盾を生み出す可能性もはらんでいる。

2　福祉における自律概念

そこで、本稿ではまず「自律とは何か」ということについて、辞書的な理解ではなく社会福祉学の立場からの整理を確認してみたい。そして「自律的な生」の継続を実現するために、なぜ参加支援と地域づくりを連動させる必要があるのか、そしてその連動に福祉教育をどのように位置付けるのかを考えてみる。

自律概念については様々な議論が社会福祉で展開されてきており、石川時子はそれらの先行研究を踏まえたうえで、自律を以下の4つの能力として整理している。

A　行為主体性（agency）：ある主体が意図や欲求を持ち、なんらかの行為を欲すること

B　選好形成（preferences）：複数ある欲求のなかで、どの欲求を優先するか決めること

C　合理性（rationality）：ある欲求を達成するための目標と方法を一貫して設定すること。社会のルールや価値に自分の選好を調和させること

D　表出（expression）：自分の意思を表出すること

個人の自律は個人に閉塞した状況で達成されるのではなく、他者との協調の中で紡がれるものとして自律概念を拡大していく必要性（石川2009：7）が強調される。

自律が、ABCDの4つの能力が発揮できるということだと考えると、一人の人が自分自身のありたい姿への欲求をもち（A）、複数ある欲求の中で選択を行い（B）、その目標に向かって社会の価値と自分の価値をすり合わせながら実現に向かって行動し（C）、自分自身の意思を他者に対して表出し他者からのフィードバックを得

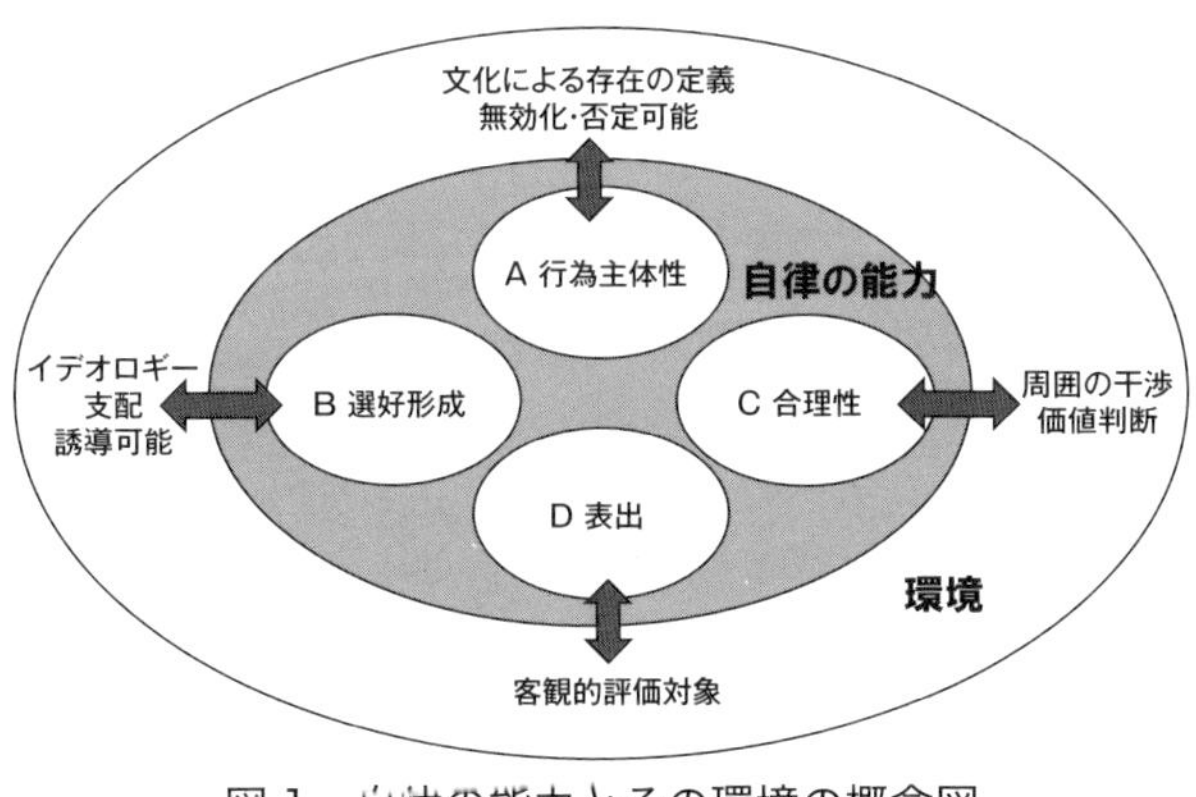

図１　自律の能力とその環境の概念図
出所：石川（2009:7）より一部筆者改変

る（D）ということを包括的支援体制における対人援助は支えていくことを目指すということになる。

3　本人の自律能力からの矢印としての参加

筆者の所属する日本福祉大学地域ケア研究推進センターが実施する重層事業の研究会において、実践者の方から繰り返し聞いたことは「参加支援と地域づくりの違いがよくわからない」という問いであった。関係性について、自律の概念を用いて整理を試みたい。

まず、自律から環境に向かう矢印の方向性を「参加」ととらえてみる。

地域のなかで人のつながりに参加することは、その人の「こうなりたい」という欲求をもつという行為主体性（A）によって後押しされる。つながりたいと本人が思う場や機会に参加することは自分の「生」のあり方を選び取ろうとする選好形成（B）に後押しをされる。地域の課題を解決しようとするつながりに自らも参加することは、こうありたいという目標の達成を目指そうとする本人の合理性（C）が原動力となる。また、自分自身の経験や思いの他者への表出（D）の機会や場に参加することにより、個人の内部に閉ざされた自律から、他者との協調の中で紡がれる自律に拡大していく契機となり、その協調への地域住民の参加のチャンネルが拓かれていく。

こう考えると、参加支援とは居場所や就労につなぐことだという理解は、表層的であり、自律的な生の尊重という観点が抜けてしまうと支配的な誘導をはらむ可能性がある。参加とは本人の4つの自律能力の総体から地域に向けた力動としてより広いとらえ方をする必要がある。

それでは次に、環境から個人の自律能力に向かう方向性を「地域づくり」と捉えると、目指す地域の姿は次のように考えることができる。

（A）行為主体としての一人ひとりの存在を知り、その人のありたい姿を認めようとする地域

（B）本人の選びとった選択肢を実現しうる、場や機会が豊かな地域

（C）本人の価値やルールと地域社会の価値やルールを調和させながら、地域としての目標を設定し実現させていこうとする地域

（D）本人の思いや経験の語りに気づき、耳を傾け共感しようとする地域

このように考えていくと「参加」と「地域づくり」は、別々の事業ではなく、本人の自律能力と環境を結ぶ対の関係性にあるということが見えてくる。

4　個人の自律能力と地域の自律能力をつなぐ結節点としての福祉教育

本人の声に耳を傾け、思いを聞き、強さに学び共感的な関係性を紡いでいく（D）の機会を地域の中で創造していくことが、多様な課題、生きづらさをもつ人の存在を知り、互いに認め合う契機となり（A）、本人と共に、その人が選び取った選択肢を尊重し（B）、その実現のために何ができるかを共に考える場や機会をもち、具体的な目標や方法を決定していき行動を起こしていく（C）。本人の自律能力を地域とつなぎ、本人の参加を支え、その対の目標となる地域づくりを推進していくことは、まさに福祉教育が目指すところではないだろうか。福祉教育の機能を再確認し、重層事業のなかで参加支援と地域づくりの結節点として具体的に位置付ける必要がある。

5　自律能力の階層性

最後に、自律能力の重層性について述べておきたい。地域の自律能力を個人の自律能力の整理に照らして考えてみると、自分たちの地域のありたい姿への欲求をもち（A）、地域の目標を主体的に選択し（B）、その目標に向かって地域の多様な価値をすり合わせながら実現に向かって行動し（C）、地域の思いを外部に対して表出しフィードバックを得る（D）と捉えることができる。住民主体とはまさにこれら「地域の自律能力」の総体といえる。

また、このような「地域の自律能力」の基盤を支えることこそが、自治体の地域づくりに向けた支援であり、地域福祉計画や地域福祉活動計画でそれを具体化し進めていくことになる。「一人ひとりの自律能力」と「地域の自律能力」を重層的に支援することをめざす重層事業の構築方法は、他の市町村のコピー＆ペーストで良いはずはなく、自治体ごとの目指すべき地域のあり方を検討する自治体の自律能力が問われていると考えることができる。そして、一人ひとりの自律能力と地域の自律能力の結節点としての福祉教育への地域住民の参加・一人ひとりの本人参加が開かれていることが必須となるだろう。

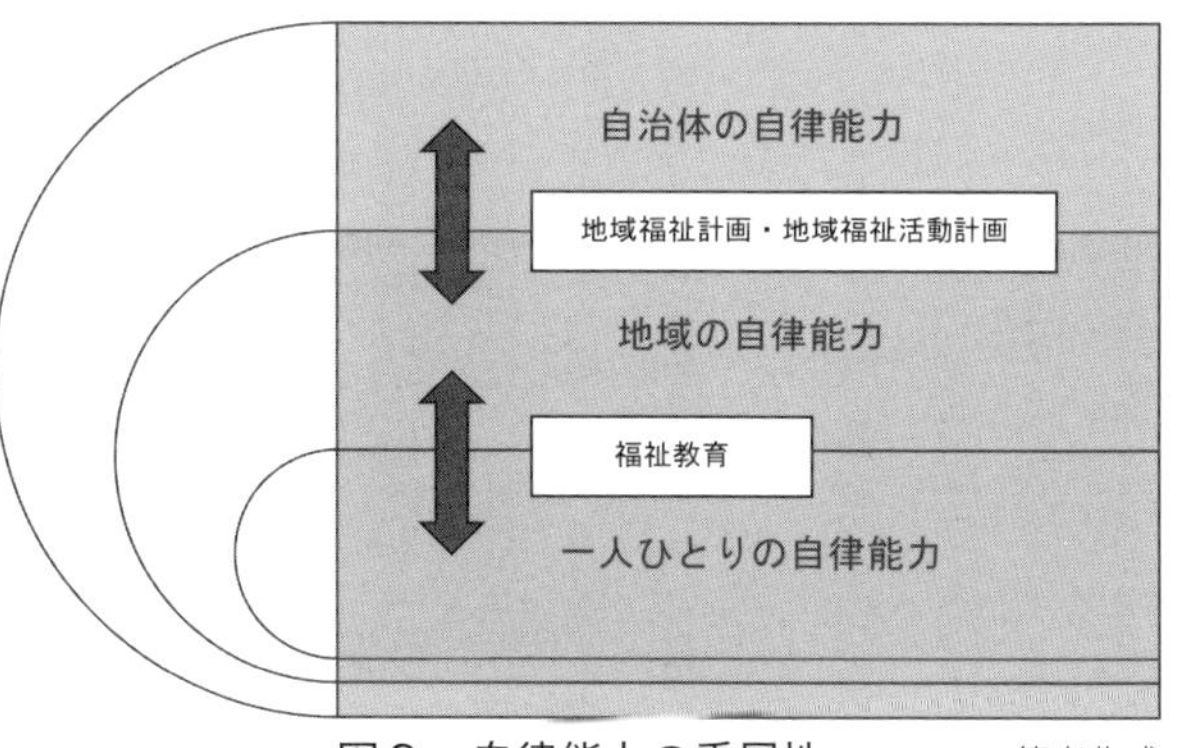

図２　自律能力の重層性　筆者作成

参考文献
厚生労働省（２０１９a）「地域共生社会に向けた包括的支援と多様な参加・協働の推進に関する検討会（地域共生社会推進検討会）」最終とりまとめ
厚生労働省（２０１９b）「地域共生社会に向けた包括的支援と多様な参加・協働の推進に関する検討会（地域共生社会推進検討会）」概要版
石川時子（２００９）「能力としての自律」『社会福祉学』50(2)、5－17

論考・調査・報告②

地域の担い手と重層事業

上野山裕士

● profile
うえのやま・ゆうじ
摂南大学現代社会学部講師
大学院在学中にスウェーデンに留学し、北欧の福祉制度、まちづくりを学ぶ。大阪府内、和歌山県内の複数の地域で協働的実践研究に取り組む。

地域の担い手不足は、人口減少が顕著な地域だけでなく、都市部など、人口の多い地域においても課題となっている。これは、少子高齢化が全国的に進展していることに加え、人びとの価値観、境遇が多様化するなかで、とくに現役世代の地域参加が減退していることに起因すると考えられる。本論では、たがいに支えあい、だれもが役割をもって活躍できる地域共生社会の実現を目指す重層事業について、地域の担い手の育成、確保という視点から検討する。

1　重層事業とその取組内容

重層事業では、「包括的相談支援事業」「参加支援事業」「地域づくり事業」に、「アウトリーチ等を通じた継続的支援事業」「多機関協働事業」を意識しながら取り組むこととされている。[※1] 事業実施にあたっては、行政や社会福祉協議会をはじめとするさまざまな支援機関（以下、支援機関）のみならず、住民をはじめとするさまざまな地域主体（以下、地域主体）の参画も不可欠となる。

「包括的相談支援事業」について、属性や世代を問わず包括的に相談を受け止める窓口を設置することが具体的な手法として想定されるが、地域生活課題を抱える当事者（以下、当事者）が相談窓口に訪れるのを待つだけではなく、支援機関による積極的なアウトリーチのほか、地域のサロンや通いの場、子ども食堂など、地域主体が運営する「居場所」における発言やふるまいを支援につなげるような、「相談窓口といわない相談窓口」をつくることが有効である。

「参加支援事業」は、当事者と社会とのつながりをつくる支援を行う事業であり、本人の想いに寄り添った社会資源とのマッチングが求められる。ここでいう社会資源は、就労の場や学習の場、通いの場など多岐にわたるが、そこには地域主体が運営する場も含まれる。とくに地域主体が運営する場においては、当事者の受け入れ経験がない場合もあると考えられ、地域主体の意識を含めた環境づくりが必要となる。さらに、本事業の実施にあたっては、当事者を場に受け入れるだけでなく、当事者が役割をもって活躍し、生きがい、やりがいを感じられる場づくりを意識しなければならない。

「地域づくり事業」では、前述の場づくりに加え、地域全体として当事者を支援し、また地域主体が協働しながら地域共生社会の実現を目指すこととなる。この取組も、支援機関が事業を実施するだけでなく、地域主体が「じぶんごと」として地域と向き合い、自分たちの「得意」を生かしながら地域づくりに取り組む姿勢が求められる。

以上のように、重層事業の実施にあたっては、支援機関のみならず、地域主体の参画が不可欠となる。このことから、重層事業を効果的に推進していくためには、同時に地域の担い手を育成、確保することが必要となる。

2　担い手の育成、確保のために

(1)　ドア・オープナーをさがす

生きづらさを抱える人びとが自分らしく暮らしていくためには、自らを見つめ直し、その可能性に気付く契機として、他者や社会と積極的に関わることが有効とされている。※2

重層事業では、「参加支援事業」「地域づくり事業」において、当事者と他者、社会とのつながりを創出することを目指しているが、どれだけ魅力的な、また当事者にマッチした社会資源であっても、社会とのつながり喪失が長期化している当事者にとって、参加への一歩を踏み出すことは容易ではない。支援機関が当事者に対して社会資源の魅力や社会参加の重要性を説いたとしても、その思いが当事者に届くとはかぎらない。しかし、同年代、同郷、同じ趣味など、当事者が身近に感じられる他者からの声かけであれば、参加への一歩を踏み出す勇気をもつことができるかもしれない。もちろん、適切なアウトリーチの方法は当事者ごとに異なるが、当事者と社会をつなぐ扉を開く「ドア・オープナー」の存在は、効果的な参加支援に取り組むうえでのヒントになると考えられる。それゆえ、担い手の育成、確保にあたっては、年齢、性別、趣味など、バックグラウンドの多様性を意識する必要がある。

(2)　タテの関係でなく、ヨコの関係をつくる

多様な担い手を育成、確保するためには、やはり現役世代の地域参加がポイントとなる。現役世代の地域参加を促すために「自分たちの世代は地域のためにこれだけ汗を流してきたのだから下の世代も同じように汗を流すべき」というような、いわばタテの関係を構築しようとすれば、地域参加にわ

ずらわしさを感じ、敬遠する現役世代は少なくないと考えられる。しかし、たとえばＩＣＴ、スポーツ、アートなど、現役世代が得意なことにともに取り組むような、いわばヨコの関係を構築しようとすれば、現役世代の意識に変化をもたらすことができるかもしれない。このように、世代を超えた担い手の育成、確保のためには、世代間の多様な価値観を尊重するようなヨコの関係づくりが有効となる。

⑶　必要性に基づく協働の輪を広げる

担い手の育成、確保のためには、世代だけでなく、主体の多様性についても意識する必要がある。地域の担い手は「主役（地縁型組織、ボランタリー組織、企業、施設など）」「サポーター（行政、社会福祉協議会、学校、その他の専門職など）」「パートナー（交流人口、関係人口など）」に大別されると考えられるが、本論の関心事である「担い手不足」について考えたとき、とくに「主役」の多様性は重要である。なお、「主役」のうち、ボランタリー組織とは、社会貢献、地域貢献を目的としたボランティア団体だけでなく、たとえばスポーツや趣味を楽しむ集まりなど、自発的に活動を行うさまざまな団体を含めることを想定している。地縁型組織のみならず、ボランタリー組織や学校、企業、施設といった主体の参画、そして主体間の協働は、さまざまな地域生活課題に取り組むうえで重要である。

協働とは、目標の達成に向けて多様な主体がともに考え、ともに汗を流す連携のあり方だが、よい協働のためには、「必要性に基づく協働」を意識する必要がある。「必要性に基づく協働」とは、個人、団体の役割を明確にしたうえで、必要に応じて協働の輪を広げていくという考え方である。先に示した「主役」たちも、日々の暮らしや業務があり、さらに価値観、境遇が多様化する現代において、「地域のためだけに汗をかく」ことは現実的ではない。だからこそ、すべての地域主体につねに参加を求めるような協働の形ではなくて、主体ごとの具体的な役割を示すような協働の形をデザインすることで、それぞれの主体にとっても負担感がなく、また活躍できることに対するやりがいを感じながら、持続可能な地域づくりに取り組むことができると考えられる。「得意なことにできる範囲で取り組む」という発想は、担い手の育成、確保を考えるうえでも重要である。さらに、このような協働の輪を広げるためには、協働のデザイン（だれがなにをするかを明確にし、個人、団体に協働を呼びかけること）を行う人材の育成が求められる。

⑷　居場所の選択肢を増やすために

だれもが訪れたくなる、みんなの居場所をつくることは、場づくりに取り組む人びとにとっての目標といえるかもしれない。しかし、価値観、境遇が多様化するなかで、だれかにとって居心地のよい場所が、ほかのだれかにとっても居心地がよいとはかぎらない。この点を踏まえると、個々の居場所の魅力を磨いていくことはもちろんのこと、地域のなかに居場所の選択肢を増やすという発想も、重層事業を通じた地域共生社会の実現に向けて、不可欠な視点である。筆者は多様な居場所への聞き取り調査を通じて、「テーマを明確にする」「こだわりをもつ」「（運営者と参加者の）垣根をこえる」「（地域のなかにある）『得意』を把握する」「（情報発信に工夫して）選択肢を提示する」「地域内外につながりをつくる」「子どもを大切にする」「真剣に楽しく取り組む」がよい居場所づくりのキーワードとなることを明らかにした。※3

地域のなかに居場所の選択肢を増やすためには、スタッフ、活動内容、規模、活動場所など、あらゆる点で多様性を確保する必要がある。そのためには、先に示した居場所づくりのキーワードを意識することに加え、これまで地域づくりに積極的ではなかった現役世代やボランタリー組織（とくにスポーツや趣味を楽しむ集まりなど）が重要な役割を果たす可能性がある。この点を踏まえると、「地域のために汗をかく個人／組織」だけでなく、「得意なことに取り組む個人／組織」や「楽しみながら活動する個人／組織」ともヨコの関係に基づき、戦略的に協働することが、担い手の確保、育成を考えるうえでも重要となる。

3 福祉教育と重層事業

ここまで述べてきたように、重層事業の実施にあたっては、行政や社会福祉協議会をはじめとする支援機関だけではなく、住民をはじめとするさまざまな地域主体の参画が不可欠である。さらに注目すべきは、地縁型組織や、地域貢献を目的としたボランティア団体のみならず、スポーツや趣味を楽しむ集まり、学校、企業、施設など、場合によってはこれまで「地域」「福祉」などとの接点がなかった個人／組織が、それぞれの「得意」を生かしながら活躍することが期待される点である。

さまざまな価値観、境遇のなかで生きる人びとと出会い、その人たちを知ることは、地域共生社会に向けた市民性、福祉観の醸成を目指す福祉教育にとっても非常に意義深い。その意味で、世代や分野をこえた多様な地域主体がそれぞれの「得意」を生かしながら協働する重層事業は、多様性を意識することにより、地域の担い手不足という課題を乗り越える契機となる可能性をもつ取組といえる。

※1 厚生労働省「重層的支援体制整備事業について」『地域共生社会のポータルサイト』（https://www.mhlw.go.jp/kyouseisyakaiportal/jigyou/ 2023年10月27日最終閲覧）

※2 平沢安政（2005）『解説と実践　人権教育のための世界プログラム』解放出版社

※3 上野山裕士（2023）『居場所づくりからはじめる地域づくり　枚方市高齢者居場所づくり事業インタビュー調査報告書』。なお、キーワード内のカッコは、意図を明確にするために引用にあたって加筆した箇所である。

論考・調査・報告③

教育と福祉の連携によって誰も置き去りしない地域へ

菱沼幹男

● **profile**
ひしぬま・みきお
日本社会事業大学社会福祉学部福祉計画学科教授
社会福祉協議会職員、高齢者デイサービスセンター生活相談員等を経て現職。各地の地域福祉計画策定やコミュニティソーシャルワーカー養成に携わっている。

1　はじめに

子どもは、必ず大人とともに暮らしている。その大人の中に何らかの支援の必要性があった場合、適切な支援とつながることができればよいが、そうでない場合、子どもをはじめとした家族に影響が生じ、学習や成長の妨げとなってしまうこともある。

戦後の社会福祉サービスは、対象属性別に構築され、高齢、障害、児童、生活困窮等の各分野内において支援内容の充実と関係者の連携促進が図られてきた。しかし、子どもが共に暮らす家族の中に、複合的な生活問題や制度の狭間のニーズがある場合、従来の縦割りサービスでは十分に対応できないことがあり、多分野の横断的な連携による家族支援（世帯支援）が必要となる。それを具現化しようとする政策が**重層的支援体制整備事業**である。

この事業には3つの基本事業があり、これを行う市町村には国から交付金が交付される。基本事業は、**①包括的相談支援**、**②参加支援**、**③地域づくりに向けた支援**であり、多様な支援者の分野横断的な連携による家族支援は、①包括的相談支援として位置付けられている。

2　福祉関係機関と教育関係機関の連携

この包括的相談支援の実施において、教育関係機関との連携を求める声は、福祉関係機関からも多い。筆者は福祉関係機関がどの機関・団体・専門職との連携を強化したいと思っているのかを把握するため、2019年に全国500箇所の自治体を無作為抽出し、アンケート調査を実施した。対象は地域包括支援センター（高齢者分野）、指定相談支援事業所（障害者分野）、子育て支援センター（児童分野）、社会福祉協議会（地域福祉分野）において個別支援を行っている職員であり、1247名から回答を得た。

調査票では30の機関・団体・専門職に対して「現在の連携度」と「今後の連携の必要度」を4件法で回答してもらった。その回答を得点化し、「現在の連携度」の平均値と「今後の連携の必要度」の平均値の差をみることで、各分野においてどの機関・団体・専門職との連携をどの程度求めているかを明らかにしていった。表1～表4は、各分野において今後連携を強化していきたいと思っている上位10を挙げたものである（※1）。

調査の結果、教育関係機関との連携強化に関して、高齢者分野では高等学校（2位）、特別支援学校（9位）、障害者分野では高等学校（2位）、小学校・中学校（6位）、教育委員会（7位）、児童分野では特別支援学校（7位）、高等学校（8位）、地域福祉分野では特別支援学校（3位）、高等学校（5位）、教育委員会（10位）であった。

この結果は、現在連携できていないということではなく、今以上の連携が強く求められている順位としてのものである。また今回の調査対象者は、各機関の個別支援担当職員であり、社会福祉協議会の福祉教育担当者のような地域支援者は含まれていない。そのため、調査結果は各機関が個別支援として関わる世帯の中に、何らかの支援を必要とする児童・生徒がいることを表

表1　地域包括支援センターが連携を強化したい相手

順位	機関・団体・専門職
1	精神保健福祉センター
2	高等学校
3	弁護士
4	児童相談所
5	保護司
6	ハローワーク
7	司法書士
8	子ども家庭支援センター
9	特別支援学校
10	保健所

表2　指定相談支援事業所が連携を強化したい相手

順位	機関・団体・専門職
1	町内会・自治会
2	高等学校
3	保護司
4	主任児童委員
5	子ども家庭支援センター
6	小学校・中学校
7	教育委員会
8	保育所・幼稚園
9	民生委員・児童委員
10	児童相談所

表3　子育て支援センターが連携を強化したい相手

順位	機関・団体・専門職
1	精神保健福祉センター
2	弁護士
3	町内会・自治会
4	医師
5	保護司
6	ハローワーク
7	特別支援学校
8	高等学校
9	保健所
10	児童相談所

表4　社会福祉協議会が連携を強化したい相手

順位	機関・団体・専門職
1	児童相談所
2	精神保健福祉センター
3	特別支援学校
4	市町村行政（児童福祉担当課）
5	高等学校
6	医師
7	弁護士
8	保育所・幼稚園
9	司法書士
10	教育委員会

すものである。表1～4に示されているように、教育機関との連携強化が各分野において求められており、特に高等学校は、高齢、障害、児童、地域すべての分野において連携を強化したい相手となっている。

3 市町村の枠を越えた連携の強化

例えば近年、社会的関心が高まってきたヤングケアラーのように、家族の面倒を見なければならない状況が続くことで学習や進路選択に影響が生じていたり、精神的な苦しさとともに生活している場合や、発達や精神的な事由等によって人間関係で悩み、ひきこもりとなっている場合もある。これらは、高等学校の生徒に限ったことではなく、小学校の児童や中学校の生徒においても同様であるが、特に高等学校との連携強化が強く求められている理由として、現在の社会福祉サービス供給体制が市区町村を単位としていることが考えられる。

社会福祉に関する基本法である社会福祉法では、包括的支援体制の構築を市町村の課題として明記しており、市町村という圏域内での多機関多職種連携の促進が図られてきた。しかし、高等学校に通う生徒は、さまざまな市町村に居住しているため、市町村の枠を超えた連携が必要となる。

教育機関ではスクールソーシャルワーカーが福祉関係者との連携機能を有しているが、高等学校の場合、生徒の居住地域によって生徒や家族、支援者への関わり方に濃淡が生じやすい。例えば、不登校になっている生徒の自宅が学校から離れている場合、家庭訪問等のアウトリーチを頻繁に行うことができず、また、その生徒が地域で居場所を見いだしていけるように市町村の社会福祉関係者と協力していくうえでも、緊密な連携に多くの労力が必要となる場合もある。これは市町村外の私立学校に通う小学生や中学生への支援にもあてはまる問題であり、同様に都道府県が所管している機関との連携においても生じている。例えば、先ほどの全国調査では児童相談所や保健所が該当する機関であり、これらはすべての市町村の圏域内に設置されていないため、地理的な距離によって連携の度合いに影響が生じることもある。今回の調査では、児童相談所の連携強化を求める声も強く、高齢分野では4位、障害分野と児童分野では10位、地域分野では1位となっている。

こうしたことを踏まえると、国が進めようとしている重層的支援体制整備事業は、市町村の圏域内だけで考えず、その地域で暮らしている人々や社会資源の状況によっては、広域連携の体制整備が重要となる。

4 一人ひとりを置き去りにしない地域づくり

また、②参加支援においては、③地域づくりに向けた支援との連動を意識する必要がある。例えば、子ども達の孤立や孤食を防ぐために、子ども食堂等の居場所活動を行っている地域も増えてきたが、そこに訪れている子ども達だけでなく、足を運ぶことができない子ども達に目を向けていくと、障害のある子、外国にルーツのある子、周りとのコミュニケーションが苦手な子、そしてヤングケアラーとしての役割があり外出しにくい子等が参加できていない場合もある。

こうした時、個々の家庭の状況に即した対応が求められるが、それは子ども本人や家族へのアプローチとともに周りの人びとへのアプローチの両面から考える必要がある。例えば、学校に自分の居場所を見いだせない子どもに対して、地域内の居場所へ出かけようという気持ちを持てるまでの継続的な関わりを行うとともに、その子を受け止めることができる居場所を確保していく必要がある。その子へ適切な配慮を行えるように、例えば居場所の運営スタッフに対して、障害や発達に関する理解を深めるための学習機会を提供したり、時には居場所に来ている子どもや親達の理解を得るための取組を考えることが必要な場合もある。これらは、③地域づくりに向けた支援として行われるものである。

すなわち、②参加支援を行うためには、これまで社会との接点を持ちにくかった子ども達の生きづらさを、居場所のスタッフや周りの人びとが受け止める力を有していなければ、結局、居場所に参加できる子ども達だけが対象となり、地域で置き去りになっている子ども達を見過ごすことになりかねない。また、多様な子ども達を受け入れても、それぞれの特性に応じた配慮がなければ、その子にとって新たな痛みとなり、再び自分の殻に閉じこもってしまうかもしれない。そのため、子ども達の個々の生きづらさを踏まえたうえで周りの人びとが必要な配慮を行えるように、③地域づくりに向けた支援が求められるのである。

ここに今後の福祉教育がめざす一つの姿がある。学校教育や社会教育として福祉教育を行う時、漠然と福祉について学んだり、高齢者との交流や、車椅子やアイマスク体験等のプログラムを行うだけでなく、同じ時代に同じ地域で暮らしている人々の生きづらさを知り、必要な配慮を学ぶ機会を意図的に生み出していく福祉教育である。

重層的支援体制整備事業は、個別支援としての相談支援や参加支援とともに、地域支援を一体的に展開しようとするものである。そのため、重層的支援体制整備事業としての福祉教育は、子ども達一人ひとりの生きづらさに向き合い、その子ども達の周りにいる人びとを意識したプログラムとして実施していくことが求められる。

※1　調査の詳細については、拙著（2022）「地域生活支援における多機関多職種連携の実態と促進に関する研究」『日本社会事業大学研究紀要』No．69、p．69-86を参照

福祉教育の理念と実践を重層事業に生かす

渋谷篤男

● profile
しぶや・あつお
日本福祉大学福祉経営学部教授
全国社会福祉協議会に41年間、中央共同募金会３年間在籍。
最初の所属は1977年にできたばかりの全国ボランティア活動振興センター。「学童・生徒のボランティア活動普及事業」も立ち上げ時から担当。

1　福祉教育の歴史と社協事業における位置づけ

社会福祉協議会（社協）における福祉教育の歴史を振り返りながら、包括的支援体制、重層的支援体制がすすむ中で、今後の福祉教育をどのように位置づけるかを考えていきたい。まず、公費の動きについて、振り返る。

福祉教育関係の国庫補助は１９７７年にスタートした「学童・生徒のボランティア活動普及事業」が最初であった。２００４年に終了し、協力校指定に限らない展開を行ったが、その継続事業も終了している。しかし、自治体単独予算や自主財源で継続しているところは多い。[※1]

福祉教育関係事業は、多くの場合、ボランティアセンターの事業として位置づけられてきた。社協のボランティアセンターは、善意銀行という名称でスタートし、徐々に数を増やし、１９７５年度に国庫補助が始まった。当時のボランティアセンターは、制度サービスが不十分な中で、寄せられたニーズとボランティアをつなぐという仕組みをつくっていた。言わば多様なニーズに対する相談支援の機能を持っており、いまの各種相談支援機関の機能を部分的ながら果たしていたということができる。世の中の福祉意識への働きかけや、ボランティア活動への参加の呼びかけも重要な仕事であり、当時の福祉教育機能において、大きな役割を果たしていた。

しかし、福祉教育をボランティアセンターのみで担うという整理については異論もあった。このことは社協組織全体としても意識していたことであり、「社協全体の事業として福祉教育を位置づける」ことの提言も行われている。[※2]しかし、結果として、学校での福祉教育、ボランティア学習、ボランティア潜在層への働きかけといった機能をボランティアセンターが担ってきた。

「ボランティアセンター（コーナー）の設置＋センターは設置していないが機能を有する」市町村社協の割合は2000年は91・0％、2006年は75・8％、2012年は69・7％と下がっていくこととなった。※3

この減少には、次のような背景があると思われる。

①ボランティアセンターへの国庫補助が終了したこと。

②NPO法が成立（1998年）し、NPO法人への関心が集まり、ボランティアセンターへの助成金を社協からNPOに移した市町村自治体が出るなどNPO法人重視の動きがあったこと。

③社会的孤立への対応が急務となり、要援助者を支える地域福祉活動の支援を担う「地域担当」の役割が重視され、ボランティアセンターの福祉教育機能を相対的に軽視する現象が一部に生まれたこと。

2 重層事業と福祉教育

重層的支援体制整備事業は、2018年施行の社会福祉法改正による包括的支援体制整備事業の中の一部であり、包括的支援体制整備事業をより具体的にすすめるものである。

「相談支援」の4分野の事業（地域包括支援センター、生活困窮の自立相談支援事業等）の財源を統合して実施できることとし、また、3分野にわたる「地域づくり」の事業（介護の生活支援体制整備事業等）について、同様の扱いとし、この相談支援と地域づくりの2つを合わせて、重層的支援体制整備事業交付金として、まとめて予算執行ができる、という仕組みをつくった。

重層事業以前に福祉教育に事実上支出されているものとしては、介護の生活支援体制整備事業がある。生活支援コーディネーターが住民・ボランティアと協働しながら、福祉教育の視点からの働きかけを行うものである。重層事業においては、「地域づくり」に分類されるものである。

また、相談支援、地域づくり以外の新規の予算は、参加支援、アウトリーチ等を通じた継続的支援、多機関協働、支援プランの作成であるが、参加支援は社会とのつながりを確保することであり、福祉教育機能の発揮が望まれる。

以上、技術的な整理を行ったが、重層事業において福祉教育事業が明確に位置づけられているわけではない。しかし、これは住民・ボランティアの活動を支援するものであり、福祉教育がどう関わるかを主体的に考えていく必要がある。

3 「相談支援→参加支援→地域づくりに向けた支援の一体的推進」の評価

重層事業の相談支援→参加支援→地域づくりに向けた支援の一体的推進という方針は、福祉教育にとって大きな意味が

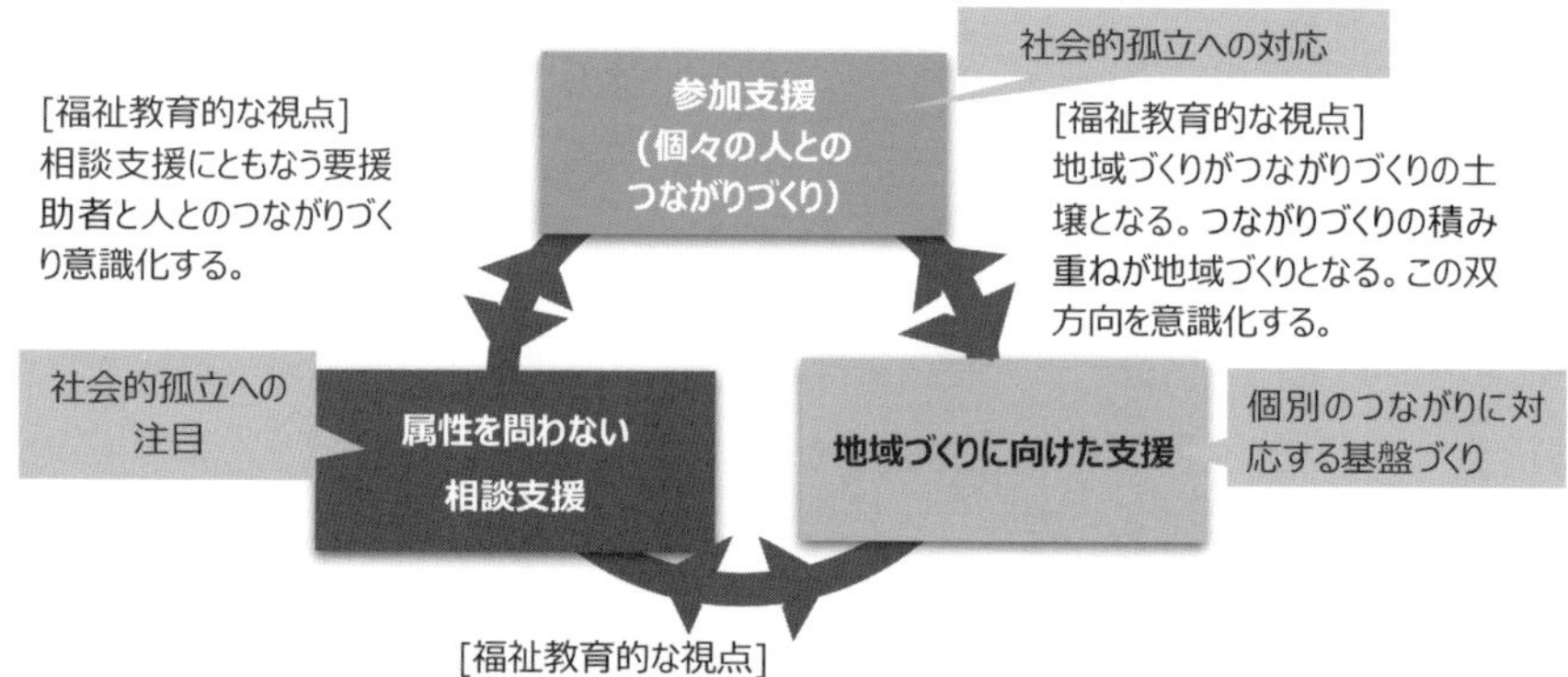

あると思われる。次の図は、3要素がお互いに影響しあうもの、また、それぞれに住民が関わるものであることを説明する試みである。

包括的支援体制づくり、重層的事業は、専門職だけではない、地域住民がかかわることの重要性を述べている。これを国・自治体からの地域社会への押しつけ、あるいは、専門職主導にならないように、住民の活動の主体的な動きをサポートすることが、社協等の地域支援の専門職である。その内容は福祉教育活動そのものであると言える。

4　福祉教育の理念の再整理

厚生労働省は、ホームページにおいて「新たな事業の設計に当たり大切にした視点」の三つの視点の一つとして「①すべての人びとのための仕組みとすること」をあげている。

「重層的支援体制整備事業は、人びとの生活そのものや生活を送る中で直面する困難・生きづらさの多様性・複雑性に応えるものとして創設されたものです。こうした困難や生きづらさは個々人で大きく異なるため、どのような困難や生きづらさでも支援の対象となりうるという前提で、すべての人びとのための仕組みとしました。」とされている。「すべての人びと」という表現は、その前の「困難・生きづらさの多様性・複雑性に応えるもの」を踏まえれば、分野、制度にかかわらず、困難を抱えている人すべて（社会福祉法第4条でいう「地域生活課題」）を指すと理解するが、文字通り「すべての人びと」と理解する向きもある。このあたりの整理は地域福祉ことに福祉教育の理念から見れば、若干の危惧を持つものである。福祉ニーズを持つ人を支える、岡村重夫がリードしてきた「福祉コミュニティ[※4]」という発想が必要であると考える。

ただ、地域づくりは多様であり、地域福祉、福祉教育以外のアプローチも存在し、実際、文字通り、すべての人びとを対象とするアプローチは重要であり、協働が必要である。

また、国連障害者権利条約、障害者差別解消法などによる法令で「差別」を解消することが重要であるが、あわせて、あらゆる人びとに「リスペクト」（価値を認め尊重する）を持つことをすすめてきたのが福祉教育であり、その役割を果たすことが重要である。福祉教育・ボランティア学習は、柔らかなアプローチではあるが、当事者をどう受け止めるかについては、厳しい視点を持ってきたように思う。これを生かすことが重要である。

5 ボランティアセンターの福祉教育における役割

地域福祉にかかわる住民の活動は、自治会、地区社協等の地域密着の人のみで成り立つわけではない。

福祉の課題について強い問題意識を持ち、取り組もうとするボランティアは、地域密着の活動とは別の力を持つものである。これに寄り添う福祉教育を意識的に行う存在としてのボランティアセンターは欠かせない。おそらく、その力が地域担当等の福祉教育活動をバックアップするのではないだろうか。引き続き、福祉教育・ボランティア学習の拠点であってほしい。

6 最後に

重層事業に対する筆者のいちばんの心配は、重層事業の中に福祉教育が位置づけを得ることができるかどうかではなく、従来、市町村の単独予算で実施されてきた費用が今回の国庫負担がある予算に移されるということである。市町村の財政当局の立場からすれば、負担が4分の1となるので、できるだけ、移したいということになるだろう。

この動きの問題は、市町村社協の人件費である。社協の役割上、少なからず、市町村から人件費が単独予算で出されている（国庫補助として出されていた福祉活動専門員（1人）は既に地方交付税措置となっている）。これが、補助裏のあるものに移されると、単独予算の将来がますます厳しい状況になるのではないだろうか。

このことは、社協だけではなく、当該市町村の地域福祉の財政構造の問題である。社協としては、単に社協自身の公費確保に固執せず「地域福祉の推進を図ることを目的とする団体」（社会福祉法第109条）として、公費を含めた地域福祉財源を確保する中で、社協自身のことを考えるという姿勢が求められる。その中に福祉教育の未来もある。

※1 「福祉教育推進のための指定事業」を実施しているところは70・7%（社会福祉協議会活動実態調査等報告書）

※2 「社協における福祉教育推進検討委員会報告」（2005）、全国社会福祉協議会

※3 各年の社会福祉協議会活動実態調査等報告書。なお、以降の設置割合は、2015年68・9%、2018年67・1%、2021年71・7%と下げ止まりになっている。

※4 岡村重夫（1974）地域福祉論、光生館ほか

実践事例①

半田中学校区における実践型ふくし共育の取組

多機関連携会議による実践型ふくし共育

加藤　恵

● profile
かとう・めぐみ
社会福祉法人半田市社会福祉協議会　半田市障がい者相談支援センター長。
岐阜県下呂市出身。日本福祉大学卒業。NPO 法人ふわり・社会福祉法人むそうでの勤務を経て、現職。

概要

ふくし共育は学校だけではなく、地域の中で、その地域に暮らす人たちと共に動き・感じ・学べる場があるべきではないか。その実践の場では参加するどの人にも役割があり、参加するどの人にも気づきがあること。また、その後の日々の暮らしにもつながる実践でありたいと思い、実践型ふくし共育に取り組みはじめている。地域に住むみんなで学び、誰もが暮らしやすくなるために。

1　はじめに

「地域共生社会」を目指すとき、大事なのは、そこに住む人たちが自分や家族の枠を超えて周りの人を気にかける〝ちょっとした一歩〟を踏み出すことなのかもしれない。一方で、普段出会う人や場だけではその気づきの機会は少ない。子どもたちが、住民が、地域で活動する事業所が、障がいのある方が、高齢者が、互いに交わりあい、活動し、感じる場こそが、共生社会の一歩を踏み出すきっかけになるのではないかと考える。そして、それこそが暮らしが続く地域での「実践型ふくし共育」そのものなのではないか。そんな思いをもとに、どんな話し合いを経て、実際の交わる場をつくり、その結果どんな気づきがあったのか、また、そのあとの誰もが暮らしやすい地域づくりのための活動にどうつなげているのかを紹介したいと思う。

2 縦割りを超え、住民とともに考える場

半田市では令和5年度から重層的支援体制整備事業を本格実施したが、平成22年に策定した地域福祉計画の時から「誰もがその人らしく暮らせるまちはんだ」という理念のもと活動してきた。そのなかで、中学校区単位で縦割りを超え、障がい・高齢・子ども・困窮の各事業所が集まり、地域の課題を話し合う多機関連携会議を設けているが、今回は1つの中学校区（半田中学校区）の実践を紹介する。

多機関連携会議

半田中学校区の多機関連携会議では、まず、各分野の事業所の紹介カードを作り、知り合う取組からスタートした。次に、それらの事業所を地域の方にも知っていただこうと、介護保険の仕組みに位置付けられた協議体に参加している地域住民の方と一緒に地域の課題を考える場を設けた。最初はお互いを知る機会を持つ程度だったが、一緒に先進地視察に出向いた際に、「話し合うよりも一緒に動き楽しめる場がほしい」という意見が出たことをきっかけに、地域の子どもを中心において、地域住民がまち（地区）の素敵な部分を紹介し、それを誰もが楽しめる工夫を考えながら歩くという「まちあるき」の実施を考えることに至った。これらの過程のなかで私が大事にしたかったのは、地域のさまざまな方の参加が得られることと、1回のイベントで終わらず地域での暮らしやすさを考えるにつなげることだった。その結果、地域の人も事業所の職員も地域の課題を話あっていた時とは

まちあるき市民説明

顔色が変わり、「こんな素敵な場所がある。こんなこと知ってたか？子どもたちに伝えたいな～」「うちの障がいのある方々でそのクイズ作りますわ。」とできることを出し合い、事前に歩いておこうと話し合いの場を超えた関わりあいも始まった。

3 一緒に動くことで実感した気づき

「まちあるき」では、地域住民が子どもたちに伝えたい場所や歴史を4つほど紹介し、途中のポイントで「この神社には階段でないと登れないけれど、車いすの方でも楽しめるにはどうしたらいいだろう？」等の誰もが楽しめる工夫をクイズにして出し、アイデアを出し合いながら歩いた。子どもたちは、「ここは昔、海だったの？」「だから貝があるの？」「ママも知らないだろうから教えてあげる」と自分の暮らすまち（地域）を知り、「僕たちが写真で撮ってくる」「いいところをお話して

あげる」「抱えて登る。危ないからダメか…」と誰もが楽しめるためのアイデアを出していく。車いすユーザーの方に対して「ここは急な坂だから、僕が押すよ」とだんだん距離が近くなり、はじめは大人が押していた車いすを子どもたちが押し、「ここガタガタなんだね」「この段差なくなればいいのに」と共に体感するなかで、車いすの方の立場にたったありのままの感想を口にする。最後に、中学校区に子ども食堂が少ないという課題のもとカレーを事業所の方に作ってもらい、参加者みんなで一緒に食べ、まちあるきで気づいた暮らしやすさの工夫を考えるワークショップを行った。斬新なアイデアやあたたかい工夫に、大人は「子どもの発想はあったかいな〜」「確かに、いつも歩いても道があんなにガタガタだったなんて気づかんかったな」と子どもたちの意見に耳を傾け、自らの気づきや感想を発表してくれた。

まちあるき車いす

4 「支え支えあう関係」が起こるには

共生社会のキーワードでもある〝支え支えあう関係〟は、私と相手の2方向ではなかなか難しい。いろんな人がいて、どの人にも役割があって、どの人にも気づきがある場でこそ感じられる感覚なのではないだろうか。この「まちあるき」ではどの人にも役割があった。地域住民は、次世代に伝えたいわが地域の誇らしい場所や知ってほしい歴史などを伝える。事業所は、イベントの運営主体として受付や子どもの誘導、場所の提供やお菓子やカレーを用意する。障がいのある方は、子どもたちと一緒に歩き、合理的配慮を考えるクイズを出すことで、子どもたちのみならず地域住民に誰もが暮らしやすい地域を考えるきっかけをつくる。大学生は、子どもに寄り添い、障がいのある方の車いすを押す際に戸惑っていたらモデルを見せたり、そっとクイズのヒントを伝える。誰もが参加者であり、誰にも役割がある。

その結果、どの人にも得るものがあった。地域住民には高齢者が多く、ある側面からみると高齢者の生きがいづくりであったが、終わった後には「来年はここを歩くか!この人にも声をかけるといいぞ!」と、主体者に変わっていた。ある事業所は、「地域とつながりたかったのよ。挨拶には行っていたのだけどね。やっぱり一緒に何か動くと違うよね。この間、おじさんたちが子どもたちの発表会に来てくれたのよ」と、日常のつながりができた。障がいのある方からは、「この間の子ども、朝あいさつしてくれたよ。

まちあるきワーク

一緒にいたお母さんもぺこっと挨拶してくれてね」と、普段のお互いの暮らしのちょっとした楽しみにつながっている。公民館にお手製のスロープができた。誰がお願いしたのでもない、まちあるきの体験をきっかけに必要だと感じた地域住民が製作したのだ。

「〇〇のところを手伝ってほしいんだよね」という役割があると、関わるきっかけが生まれる。その場でほかの参加者からの感謝や自分なりの気づきがあると、また参加したいという気持ちにつながり、そしてその気づきが、知らないうちに日常の関わりや誰もが暮らしやすいまちを考える感覚を持ち得ることになるのではないだろうか。

5 「なんでも相談窓口」の実践につなげて

もう一つ共生社会の実現にむけて、多機関連携会議で取り組んでいることがある。身近な相談窓口「なんでも相談窓口」の設置と運営である。事業所が少し自分の範囲の外にも関心を持ってもらうことで成り立つ取組で、地域の方からの相談もあるが、利用者との関わりの中でその方の家族状況や分野以外の困り感に気づいたときに、「分野じゃないから」と見て見ぬふりをするのではなく、一緒に考えてくれる他の事業所や社協につなげる仕組みだ。実際に、学童保育から「家が物であふれているのを知った」という相談に一緒に動き、家族の困り感に寄り添うきっかけになった事例がある。その事業所は今でもその家庭を気にかけ続けている。

地域での実践型ふくし共育は、共に動き、気づき、誰もが暮らしやすいまちを考える機会となり、〝支え支えあう関係〟が暮らしに溶け込んでいく地域づくりのきっかけとなる。加えて「なんでも相談窓口」の取組が、自分では困っていると発することはできなくても気づいてくれる地域づくりにつながり、暮らしに寄り添う伴走支援になると考える。

インサイト

（論考著者・川島ゆり子）

地域の中で暮らす多様な人が、そこで暮らすということだけにとどまらず、「共に暮らす」ことを実現するためには、互いに交わり合い、知り合い、共に活動し、感じる場や機会が求められる。

その契機は、課題に限定される必要はないのではないだろうか。人の「暮らし」はそもそも立体的であり、楽しいこともあり辛いこともあり、得意もあり苦手もある。多様な人が共に集い交わる中で、楽しさがきっかけであっても、活動のプロセスの中で互いを知り、地域の課題に自ら気づくということが、その課題をともに解決していこうとする主体性を育んでいく。参加する誰もが役割をもち活躍できる場が広がることを期待したい。

実践事例②

地域の課題解決に向けたつながりづくり

和歌山市社協が取り組む重層的支援体制整備事業

田中ひとみ・左巴誠人

● profile

たなか・ひとみ
知的障害者施設で勤務後、2011年和歌山市社会福祉協議会に入職。権利擁護分野の相談員を経て、現在は重層的支援体制整備事業の相談員を担当。

さわ・まさと
高齢者施設での勤務後、2016年和歌山市社会福祉協議会に入職。生活福祉資金の相談員を経て、現在は地区社会福祉協議会の事務局を担当。

概要

和歌山市社会福祉協議会では、令和元年のモデル事業から重層的支援体制整備事業（以下、重層事業）に取り組んでいる。そのなかで、「福祉総合相談」では、相談者のさまざまな困りごとに寄り添いながら地域生活の支援を行っている。また、市内42地区に設置する地区社会福祉協議会では、各地区の実情に応じ、多世代、多様な地域主体が協働しながら地域づくりにつながる活動に取り組んでいる。

1 和歌山市社会福祉協議会と重層事業

和歌山市社会福祉協議会（以下、市社協）では、地域福祉の推進を目指し、市内42地区に地区社会福祉協議会（以下、地区社協）を設置している。地区社協では、すべての住民が安心して暮らすことができる福祉のまちづくりのために、地域が抱える課題の解決に主体的に取り組んでいる。

市社協では、令和元年度から重層事業のモデル事業を、令和3年度からは重層事業を実施している。以下では、モデル事業実施時から開設している包括的な相談窓口である「福祉総合相談」と地域づくり事業と関連する地区社協の取組を紹介する。

2 福祉総合相談の取組と事例

「福祉総合相談」は、複雑化、複合化した問題や制度の狭間の問題、相談場所がわからないような困りごとを丸ごと受け止める相談窓口である。

相談方法は電話相談、来所相談とLINE相談がある。年間100件以上の相談が入るが、自分自身のことや家族のこと、近隣住民に関する相談が多く、自らSOSを出せずに支援機関につながっていないケースも多い。その中で、近隣のごみ屋敷に迷惑しているという相談が複数寄せられたことから、市社協では「福祉生活環境改善プロジェクト」として、いわゆるごみ屋敷の片づけなどの支援を行っている。このプロジェクトの支援対象者は、住居のことだけではなく、さまざまな事情を抱えている場合が多い。生活に困窮している方、医療や介護、福祉サービスの支援が必要な方、家族関係の問題を抱えている方など、それらの問題も丸ごと受け止め、「地域を困らせているごみ屋敷」ではなく、「支援が必要な方に必要な支援を届ける」という立場で関わっている。

また、そのような方は地域から孤立していることが多く、まずは本人との信頼関係を作るために、家庭訪問などのアウトリーチを通じて、本人の思いを聞き取り、潜在的なニーズを見つける。本人は、ごみ屋敷のような状態にしていることを非難される、他者から受け入れてもらえないと考えていたり、障がいや病気、さまざまな事情を抱えている場合があり、関係づくりに長期間を要することがある。

住居を片づける際は、市社協職員と地域住民やボランティア、関係機関のほか、可能なかぎり本人にも作業に参加してもらう。50代女性Aさんは、長年ごみや害虫のいる不衛生な環境で暮らしてきたが、市社協職員が週1回の訪問を続けて関係を築き、8か月後ついに家を片づけ、きれいな布団で寝られるようになった。また仏壇もきれいになり、何年かぶりに手を合わせることができたととても喜ばれた。その後は自身でごみ出しを行い、ごみを溜めないようにされている。しかしAさんは、これまでの生活経験の乏しさから、家事や金銭管理がうまくできず、その後も市社協職員が家事の支援や家計相談のために定期的な訪問を続けていた。そんな中、Aさんに精神疾患の症状があることがわかり、専門職につなぐことととなった。

Aさんはこれまで、相談場所がわからず、困りごとをひとりで抱え込んできた。しかし、相談できる場所ができ、必要な支援を受けて作業所にも通うことができるようになってからはとてもおしゃべりになり、表情も明るく生き生きとされている。

福祉総合相談では、制度についての情報提供や案内にとどまらず、相談者の不安な気持ちごと受け止め、オーダーメイドの支援を行っている。経済的に困っている場合は、食料支援や生活福祉資金の貸付け、生活保護申請への同行支援などを行っている。必要に応じて医療や公的サービスにつなぎ、虐待などのケースには関係機関と連携して対応している。また、制度の狭間にある問題は、ボランティアなどの協力を得て支援を行っている。市社協では、さまざまな関係機関と連携できるよう、日ごろから多機関協働による支援体制を作っている。社協の強みは各関係機関とのネットワークである。随時支援会議を開催して関係機関と顔の見える関係を築いている。

3 地域づくり事業と地区社協の取組

つぎに、地域づくり事業に関わる地区社協の取組をいくつか紹介する。今回取り上げる**第12圏域**[※1]における取組は、厳密には生活支援体制整備事業の一環として実施するものであるが、それぞれの活動には、現役世代をはじめとする多様な地域主体が参画しており、重層事業とも関連が深い。

(1) 砂山地区

砂山地区社協では、自治会や民生委員、その他の地域主体とともに協議体を立ち上げ、住民に対するアンケート調査などを通じて「健康づくり」を地域の優先課題として設定、公園を活用した健康体操などに取り組んできた。

その一環として、宝塚医療大学和歌山保健医療学部上城憲司教授の協力を得て「認知症予防教室」を開催した。教室では、上城教授による「認知症の理解」と題した講義のほか、陶芸や風鈴づくりなどを楽しむ創作活動や重心動揺計やInBody（体成分分析装置）による体力測定を行っている。

砂山地区では、住民をはじめ地域主体による対話を出発点として、大学教員と学生、作業療法士や地域包括支援センターとともに地域の支え合いシステムの構築を目指して取り組んでおり、今後、新たな地域活動へと展開する可能性がある。

砂山地区の認知症予防教室

(2) 今福地区

今福地区社協では、地域の銭湯を活用した実践に取り組んでいる。かつては地域の憩いの場であった銭湯だが、生活様式の変化に伴い利用客は減少している。しかし、令和3年、和歌山市の紀の川に架かる水管橋の落橋により紀の川右岸の約6万戸で断水が発生した際に、入浴に困った人びとを支えたのは、地域の銭湯であった。断水は、地域住民が地域の社会資源の大切さを再認識する機会となった。

このことが契機となり、新たな地域活動を創出する仕組みとして地域住民が主体となって「今福おこし」を発足させた。具体的な取組について協議する場には、地区社協、自治会、民生委員のほか、PTA役員や地域ボランティア、小学校長、近隣の社会福祉施設

地域活動を創出する「今福おこし」

などの地域主体、市社協、地域包括支援センター、理学療法士などの専門職、県外大学の教員や学生が参加しており、それぞれの立場から今福地区を盛り上げるためのアイデアを持ち寄り、活発な意見交換を行っている。

小学校や銭湯を活用した地域交流イベントを複数回実施しており、今後も銭湯のプラットフォームとしての機能を高め、多様な地域主体の出会いを誘発し、地域活動を創出することが期待される。

⑶ 高松地区

高松地区社協では、週2回、地域で親しまれていた病院の跡地で「高松いきいきサロン」を開催している。この拠点において、地区社協、自治会、老人クラブなどの地域主体と市社協、地域包括支援センター、大学教員などが新たな取組について協議を重ねた。

協議で、地域包括支援センターより「まちの保健室（以下、保健室）」の開設が提案され、病院として地域住民を支えていた場所が保健室として生まれ変わることとなった。保健室では、保健師による骨密度測定や健康相談を行い、必要に応じて専門職の支援につなげることを想定している。また、大学生によるスマホ相談会を同時開催するなど、参加者を広く募るための工夫を凝らしている。地域には高齢者の引きこもりを心配する意見が多く、保健室を継続的に実施していくことにより、専門職との連携を強化していく。

4 今後の展望

市社協はこれまで、フォーマル、インフォーマルな関係機関、団体と連携してさまざまな地域課題に取り組んできた。今後も地域共生社会の実現を目指し、関係機関や地域主体と協働しながら、住民一人ひとりに寄り添い、地域課題と丁寧に向き合っていきたい。

※1 第12圏域は和歌山市内を縦断する国道に面し、医療や教育関連の施設が集まる居住地域。近年は店舗などの閉鎖と空き家の増加が目立ち、一人暮らし高齢者の増加と人口減少、少子高齢化が顕著である。

インサイト
（論考著者・上野山裕士）

効果的な重層事業の展開を通じた地域共生社会の実現のためには、行政、社協をはじめとする支援機関のみならず、住民をはじめとする多様な地域主体の参画が不可欠である。和歌山市では、地区社協がそれぞれの地域が抱える課題を明確にしたうえで、地域内外の主体、社会資源を最大限に活用しながら課題解決に向けて取り組んでいる。地域福祉の基本は「つなぐ」「つながる」ことにあり、つながることによって地域力は高まっていく。「なにに」「だれが」「だれと」「どうやって」取り組むのかを具体的に検討することで、地域の課題解決に向けたつながりをどのように構築していくかが明らかとなる。

実践事例③

子どもの地域活動への参加から考える

総合支援の地域拠点「ふくしあ」を活かした取組

前田　綾

● profile
まえだ・あや
掛川市社会福祉協議会　地域福祉課地域福祉係。
コミュニティソーシャルワーカーとして、６年間掛川市の地域健康医療支援センター「ふくしあ」に在籍。平成30年度より３年間は生活支援コーディネーターを兼務。
現在は各「ふくしあ」に関わり、相談を受けている。

概要

掛川市では市内5カ所に「ふくしあ」が設置され、社会福祉協議会のコミュニティソーシャルワーカー（以下ＣＳＷ）が配置されている。地域の子どもが所属するのは、学校だけに留まらない。「地域」という視点で私たちＣＳＷができることは何か、「学校×地域×ふくしあ」により、幅広い経験と支援が展開されると考える。現在、重層的支援体制整備に向け「ふくしあ」を活かした仕組み作りの検討を行っている。

1 「ふくしあ」による総合相談（相談支援）

掛川市では多くの住民の願いでもある住み慣れた地域で安心して最期まで暮らしていくことができるよう支援するために、行政・地域包括支援センター・訪問看護ステーション・社会福祉協議会の４つの団体が連携し、医療・保健・福祉・介護の様々な面から支援を行う、地域健康医療支援センター「ふくしあ」を市内5カ所に設置している。「ふくしあ」は、多職種連携により総合支援を行う地域拠点である。具体的な機能として

① 執務室のワンフロア化
　４団体の迅速な多職種連携を促進する。

② 多職種連携
　医療・保健・福祉・介護の多職種連携により対象者だけでなく家族全体を支援できる体制構築を行う。

③ アウトリーチの重視

地域に出向き、市民の声に耳を傾け、地域の情報を把握するための重要な位置づけである。また、必要な人に支援が届くことを重視する。

④　垣根のない支援

各課（医療・保健・福祉・介護・子育て）との連携により制度の隙間を埋める総合支援を行う。

⑤　予防的な視点を重視

地域や関係機関と連携して早期に情報をキャッチし、問題が重症化する前に、支援体制に繋げる。

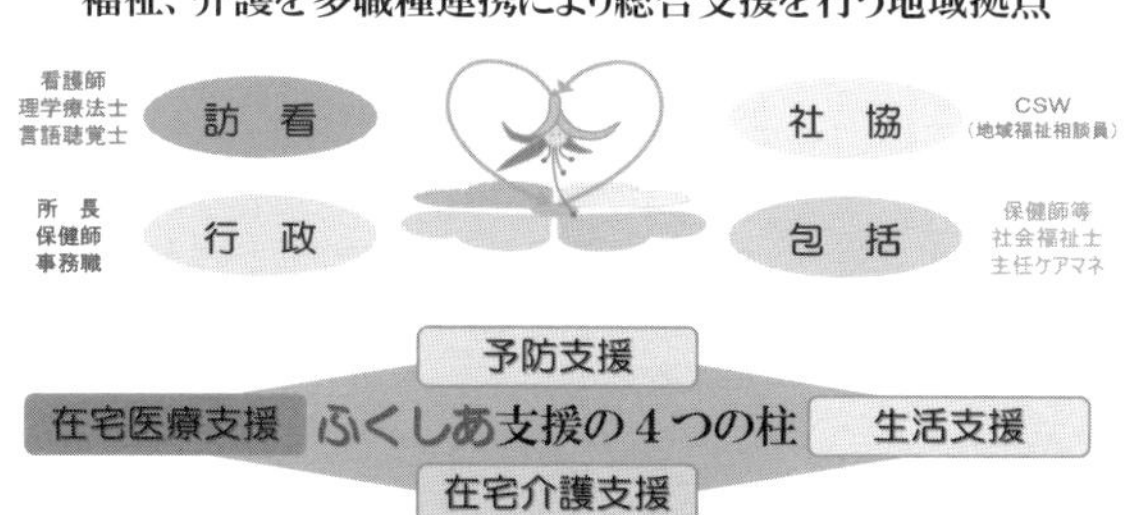

「ふくしあ」の設置により、掛川市社会福祉協議会からはCSWが配置され、個別の相談対応、地域福祉活動支援を継続的に行っている。地域住民の生活圏域内に配置されたことで、より地域との距離が近くなり、「人が生活するということ」を考える視点がより強まった。

また、「ふくしあ」は、全世代対応型の総合相談を受けることができるほか、狭間のニーズにも対応することができ、大きな強みとなっている。相談内容は、社会変化と共に多様化・複雑化している。そのため、まずは受け止めることからはじまり、多機関の連携が求められる。そのため「ふくしあ」は住民に対するセイフティネットの一角を担っている。

2　不登校の学生を地域活動へ（参加支援）

CSWとして多くの問題を抱えた世帯に関わることがあった。両親と子ども2人の4人世帯で、父は発達障がい、母・長女は知的障がいを抱え、借金を作っては居住地を転々としてきた家族である。家族が、掛川市に転入して来たのは、長女の中学校卒業3日前であった。長女の中学校卒業後の進路について話し合うため、学校でケース会議が行われた。また、その後も複合課題を抱える困窮世帯でもあったため、中学校やスクールソーシャルワーカー、福祉課、子ども希望課、「ふくしあ」などの関係機関で情報交換や世帯全体のケース会議を随時開催している。

次女は学校へ行っておらず、自宅で過ごすことが多かった。自宅への訪問を重ねる中で、職員が帰る頃になると次女が家の外に出て行くことに気付いた。当時、中学校2年生であった彼女にそっと声を掛けた。多くの支援の中で、「学生の支援は学校」と言われたことがある。声をかけることを躊躇しなかったわけではないが、今声を掛けなければ後悔すると、強く感じたことを覚えている。何故なら、私の中で「学生の生活の場は学校だけではない」という信念があったからである。彼女のように不登校の生徒は特に、学校でも家庭でもない安心できる居場所が必要である。彼女と何度か会話を続ける中で徐々に心を開き、話をしてくれるようなった。その彼女から
「信じてもいい大人はいない。」
「私は18歳までは、生きない。誰にも見つからないように、そっと死ぬ。」
ということを聞いた時のことは、今でもはっきりと覚えている。世帯の抱える課題は、子どもたちの生きる気力までを奪ってしまう。彼女の冗談ではない真剣な眼差し、何かを経験し至った今の彼女なりの答えだと感じた。それと同時に、彼女が信じられる大人と出会い、将来を語れるようになってほしいと強く感じた。

その頃、彼女の住む地域で子ども食堂を開催している夫婦と出会った。飾らない人柄や子どもたちに多くの経験をさせたいという思いを知り、早速、彼女を参加者ではなく、ボランティアとして受入れてもらえないか相談し、調整を行った。彼女は子どもが好きであること、家庭での食生活は偏っており、調理を学ぶ場としても有効であること、不登校であるため学校以外にも安心できる場がほしいこと…そして何より、人に必要とされる場となることが期待された。

子ども食堂のボランティアとして参加した彼女が、年下の子どもから慕われ、自信を取り戻していく姿を見ることができた。そして彼女から
「将来、保育士になりたいな。」
という言葉を聞き、将来を語る姿を目にすることができた。これは専門職だけでは成しえることができない、地域の力であると実感している。子ども食堂を通して、彼女は自分の地区の大人と出会い、地域の幼い子どもと接し将来の夢を見つけ、自分と同じように学校になじめない同年代の子の話を寄り添って聞き…数えきれない多くの経験と成長を見せてくれた。

3 地区福祉協による子ども福祉委員（地域づくり）

「ふくしあ」の設置と時同じくして、西山口地区福祉協議会では、平成20年度より「子ども福祉委員」事業を実施している。地域の子どもは地域で育てるという「地域による福祉教育」を具体化し

出発式

た事業である。

年6回開催し、出発式から始まり手話講座、誰でも遊べる手作りおもちゃ作り、地区行事の福祉バザーに子どもスタッフとして参加などを通して福祉に触れる機会を設けている。

手話講座

小学校2年生以上を対象とし、基本的に6年生まで継続加入をしている。事業開始時は10人からスタートしたが、今では令和4年度24人、令和5年度28人が参加している。福祉委員の募集は小学校の理解と協力が厚く、チラシ配布など学校が担っている。このことで、地区福祉協議会と学校との顔の見える関係性が生まれている。連携・協働が重要であることは広く認識されており、学校と地域がパートナーとなることで、子どもたちのより豊かな学びや成長を支えることが期待される。「地域×学校」により、子どもたちに対する理解や視点が深まり、それがまた子どもたちの成長につながるという好循環が生まれている。さらに、地域の子どもの育ちが、地域の大人への福祉教育への意識向上に繋がっている。

地区の実践者の方から、教えていただいたエピソードがある。子ども福祉委員の経験者の中から福祉関係の大学に進学した子がいる。その子から毎年、「子ども福祉ボランティア委員長」に年賀状が届く。さらに、福祉関係の大学を選んだ理由が、小学校の時に経験した「子ども福祉委員のボランティア活動」であることを話してくれた。このようなことは、地区福祉協議会としても大変嬉しく感じる、という話であった。まさしく、地域の子どもは地域で育てた結果である。「ふくし」は私たちの生活の中に多く存在していることを改めて実感した。より豊かな心を育む機会を「地域×学校×ふくしあ」で創設していきたい。

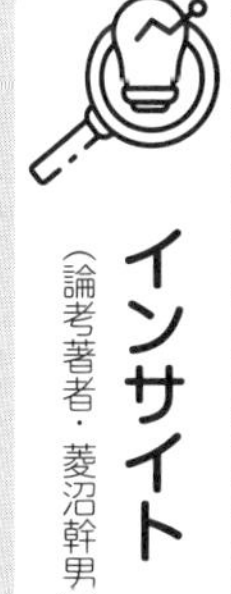

インサイト
（論考著者・菱沼幹男）

掛川市では、重層的支援体制整備事業が創設される前から、その主旨につながる取り組みを先駆的に行ってきた。

「ふくしあ」は、横断的連携による包括的相談支援の体制を具現化したものであり、そこに社会福祉協議会が加わることによって、地域の人々と一緒に、支援を必要とする世帯を支えている。

事例として紹介されている中学2年生は、まさに地域の人々との関わりの中で、自らの生きる道を見いだすことができたが、そこに至るまでにはコミュニティソーシャルワーカーの丁寧な関わりとともに、社会福祉協議会が長年積み重ねてきた地域住民との信頼関係があったことにも注目したい。

実践事例④

氷見市の重層事業における地域づくりと福祉教育の関係

支えながら主体性を高め、支援の輪を広げる地域づくり実践

森脇俊二

● profile
もりわき・しゅんじ
社会福祉法人氷見市社会福祉協議会事務局次長兼地域福祉・ボランティア推進課長。広島県出身。2001年入職以来、ボランティアコーディネーター、ボランティア総合センター所長（2006年）、地域福祉部長（2007年）、ふくし相談サポートセンター主任相談支援員兼事務局次長（2014年）を経て、2017年から現職。

概要

氷見市は富山県の北西部、能登半島の付け根部分に位置し、人口4万3千人、高齢化率は、40％近いまちである。地区社協が21地区あり、地域特性を活かした地域福祉活動を展開している。地域が包括的支援体制の一翼を担うために、「なんでも相談窓口」の設置を進めると共に、新たな担い手の育成と個を支える地域の強化、災害をキーワードにして日常の見守りを強化する地域づくりを進めている。

1 中核機能の誕生と新たな課題

氷見市の包括的支援体制に向けた具体的な取組は、平成26年5月に市庁舎移転に伴って庁舎内に開設された福祉の総合相談の窓口「ふくし相談サポートセンター」（以下、「サポセン」）の誕生が始まりである。サポセンには、市社協職員（10名）を配置し、主訴や相談窓口が明確でない内容について、市社協職員が対応するものであった。

初年度は、180件の新規の相談があったが、その多くは自ら来庁し、困りごとを訴えるという「相談できる力」を持っている市民であった。そのような中、孤立死・孤独死の事例が相次ぎ、地域からも孤立し、相談やサービス提供を拒否する一定層の市民に対する関わり方が大きな課題として挙がった。

その対応策として、アウトリーチを専門とした職員を新たに配置すると共に、身近な地域で相談を受けられる体制の構築に動いた。

2 「なんでも相談窓口」の設置と地域づくり

身近な地域で相談を受ける動きは、平成29年からで、現在では、21地区中18地区で取り組んでいる。

通常であれば、相談を受けて、内容に応じて専門職や行政へつなぐことをイメージしがちであるが、そのままつなぐのではなく、一度地域内で共有し、地域による支援を考えて、その後の動きへとつなげてもらった。

地域による支援として、外出支援のしくみを新たに創ることで、多くの困りごとに対応できるようになった地域も出てきた。

また、最近では、単に相談を受ける場だけでなく、「学びの場」と合わせて実施する地区も出てきた。具体的には、その場に市社協職員がサポセンの紹介を行う時間を設けると共に、車いす操作方法の講習を行うなど、「相談する」というハードルを下げ「支えられる」ことに抵抗のない意識を醸成すると共に、「学ぶ」ことから「支える」意識を高める取組となっている。

この「なんでも相談窓口」の設置運営については、重層事業のアウトリーチ等を通じた継続的支援事業を活用している。

包括的支援体制の構築には、住民の力は不可欠である一方、自治体が一方的に施策に盛り込んで、強制的に「やらせる」取組となってしまう。

氷見市では、30年以上、住民の主体性を尊重した地域福祉活動を支援してきた。今回のこの取組もその延長で、「なんでも相談窓口」を手段として、困りごとに気づき、支え、支援の輪を広げることで、誰もが安心して生活できる地域の実現を目指している。

「なんでも相談窓口」でサポセンを紹介

3 新たな担い手の育成と地域づくり

平成30年からは、新たな担い手の育成に着手している。氷見市では、人口減少に伴い、担い手の不足により地区社協の存続を心配する声が挙がっている。このことや前述の孤立の予防、早期発見を目的とした新たな取組として、**「地域福祉活動サポーター」**（以下、サポーター）の育成に乗り出した。

サポーターの役割は、孤立する可能性のある住民や孤立してしまっている住民を把握し、「なんでも相談窓口」やアウトリーチ支援員につなげるという役割である。

このサポーターについては、地区社協会長の推薦により、市社協で開催する育成講座（全4回）を受講し、市社協が委嘱（2年任期）している。育成当初は比較的意欲の高い住民の参加が多かったが、最近では、「会長から言われて来ただけなのに、講座の内容を聞いたら正直、荷が重い」という声が毎回数名から出るようになった。そのような声を受け、地域全体の主体性を高めるという視点から、市全域での講座とは別に、地区社協単位でも同様の講座を開催し、サポーターだけでなく、民生委員や地区社協会長も出席してもらい、気になる住民を把握した際に地域内で「情報共有」と「支援の検討」についてのルールや流れを決めてもらっている。この過程が個々の主体性を高め、結果的に地域全体の主体性の向上につながっている。育成から6年経過し、18地区1２７名（令和４年３月末現在）が活躍している。

４ 我が事に変えるための地域による個別支援活動の強化

氷見市では、平成15年から、「気になる住民」を、近隣住民がチームとなり、生活に関する支援を行う「**ケアネット活動**」（令和5年3月末で、８２４チーム、延べ１８４６名の協力者）を実施している。具体的な支援は、見守りや話し相手に留まらず、ゴミ出しや買い物など、多岐に渡る。この活動がスタートして以来、多くの住民が地域福祉活動に携わるようになり、裾野は確実に増えてきた。加えて、現在では、多機関協働事業の対象となる方々を支援する大切な地域福祉活動となっている。

このケアネット活動へとつなげるために、平成24年から災害時や緊急時に活用するために緊急連絡先やかかりつけ医、病歴や服薬の情報等を専用のシートに記入し、冷蔵庫のドアポケットに入れて保管する「**いのちのバトン**」の設置を進め、平成29年には全地区で導入が完了した。

それ以降、自治会の協力の元、毎年更新を行っている。導入することは、本人の安心を担保するだけでなく、地域内での「気になる住民」の情報共有になっている。民生委員だけが動くのではなく、自治会長や前述のサポーターや地域ボランティアなどが更新時に公民館等に集い、新たに導入した住民情報の共有（バトンは、本人同意を得た上で必要な情報のみ共有）を行っている。年を追うごとに、どのような人にバトンの導入を勧めるかや導入後に変化があった当事者の情報の更新など、セーフティネットとしてのツールとなっている。近年では、専門職からの導入も進み、導入をきっかけに地域とつながり、ケアネット活動へと広がった事例も数多く見られるようになった。

５ 防災の観点から我が事へ

バトンの導入後、福祉への理解のすそ野をさらに広げるために、平成28年からは、福祉防災マップと災害時避難行動要支援者リストを作成する取組を始めた。当初は、「防災」になぜ市社協が動くのか、という声が自治会や地区社協から疑問の声が届いた。市社協としては、これまで「福祉」の観点から、理解を深める取組を数多く行ってきた。バトンの経験から自治会を中心に多くの住民を巻き込むことが福祉に携わる裾野が広がる、と考えた。マップやリスト作成への協力からバトンへとつなげ、最終的にはケアネット活動への協力と、「当事者への安心とそのセーフティネットの充実」と共に、「持続可能な地域」を創ることを目指して、敢えて福祉とは違う視点からアプローチをした。

バトン導入やマップ・リストを作成することが目的ではなく、これらをツールとして、協議の場を設け、住民には、「気になる人」の把握を意識してもらい、地域で何ができるか、を考えることを大切にしてもらっている。

効果が見えるには、もう少し時間がかかるかもしれないが、バトンの導入やケアネット活動チーム数は、年々増えてきている。バトンやマップ・リスト更新については、重層事業の地域づくり事業（生活困窮者支援等のための地域づくり事業）に位置づけ、早期発見と予防の機能を高めている。

「なんでも相談窓口の設置」や「サポーターの設置」は、相談を通じて、住民自身の気づきや学びが深まり、新たな取組や既存の取組を強化するサイクルが生まれた。バトンの導入や「防災」をキーワードとしたマップ・リストの取組は、住民自身が多くの学びを得ながら、普段の支え合いを強化している。

いずれの実践も主体性を育むことに重点を置いたもので、これは、重層事業が始まったから生まれた新しいスタンスではなく、地域福祉の推進を進めてきた中で培ったものを今の時代に合わせてアプローチしたものである。今後、包括的支援体制を構築する上で、支えながら主体性を高め、自分たちで考え、行動できるように支援することが大きなポイントだと考える。

インサイト
（論考著者・渋谷篤男）

「なんでも相談窓口」の機能・意味をよく捉えた取組みである。住民が窓口を通して、困りごとに気づき、要援助者を支援する流れを重視してきた姿勢が氷見の活動をかたちづくっているように思われる。

さらに、この相談窓口を機能させることができたのは、以前から取り組んでいたケアネット活動が存在し、住民が実際の支援を行う仕組みを定着させてきたことが大きい。

一方、サポセンを他の専門相談機関や自治体の相談支援機能と連携して、主訴が分からないような相談をきちんと受け止める仕組みをつくっていることも重要である。氷見の取組みの歴史を見ると、住民が支援するとは何かを伝えてきた福祉教育機能は大きい。

NPO／社会福祉法人の挑戦 ❶

みんなござ〜れ！ 高校とつながる共生のまちづくり

● profile

よしだ・おさむ

特定医療法人フェニックス（社会福祉法人フェニックス）地域共生社会推進室室長

高齢者施設を拠点に元気高齢者の力を借りて学童保育を行うなど、地域ぐるみの子育て支援で共生のまちづくりを実践してきた。近年はつながる街ゴザーレプロジェクトに取り組んでいる。

吉田　理

1 フェニックスの使命

フェニックス・グループは岐阜県各務原市を拠点とし、市内29箇所の医療・介護福祉事業所を運営している。創業以来、地域に根ざした医療、介護福祉のインフラ整備や市民ボランティアとの協働を進めてきた。

当グループが使命としてきた事業活動の本質は「自立支援」と「リハビリテーション」である。ご利用者であれ従業員であれ、あらゆるステークホルダーが、老若男女、国籍、障がいの有無を問わず、誰もがその持てる潜在的な力を自ら最大限に引き出して、主体的に社会とつながり融和できるよう支援してきた。

2 つながる街ゴザーレプロジェクト

保健・医療・福祉事業では地域づくり（まちづくり）の視点がますます重要になっている。身体的、社会的な課題に直面した際に、心身の健康状態や生活を改善させるのに医療機関や介護・福祉事業所の介入だけでは不十分である。日々の暮らしのなかで、生きがいや人と人とのつながり、社会関係の豊かさがなければ健康は実感されないからである。

そんな思いから2019年より「つながる街ゴザーレプロジェクト」を進めている。誰もが安心してつながり、居場所と役割を持ち、支え合いながら暮らし続けるまちづくりプロジェクトである。「ゴザーレ」という名前は、**みんなござれ、なんでもござれ**という言い回しからきている。名前の由来通りプロジェクト・メンバーには、当グループの従業員以外にも、まちの住民を中心に、クリエイターから陶芸家まで個性的な面々がそろう。

3 高校との交流活動

当グループ拠点施設から歩いて5分ほどの所に岐阜県立岐阜各務野高等学校がある。同校には福祉科があり、施設見学や実習などで協力関係を築いてきた。また、福祉科教諭が顧問を務める**ボランティア活動部**とは日頃から地域活動での地道な交流を続けてきた。

　こうした背景から、当プロジェクトをスタートさせる際に当該教諭と相談し、まずはボランティア活動部でまちづくりワークショップを実施することになった。地元自治体の協力も得て行った3回にわたるワークショップには各回30名ほどが参加し、地域が抱える課題をまちづくりの視点から解決する方法を皆で考えた。また、翌年度には、同校3学科（ビジネス科、情報科、福祉科）合同で、コミュニティカフェを通じたまちづくりを題材にグループ学習を行い、その成果は同年11月に行われたまちづくりイベントで発表した。以降、毎年11月開催のまちづくりイベントは同校とコラボ企画しており、生徒達の成果発表の場として定着している。なお、先の教諭は、当プロジェクトメンバーとしても毎週行われるオンラインミーティングに継続参加し、様々な合意形成に関わっている。

4 出会いのプラットフォーム

　令和元年に出された厚労省の「地域共生社会推進検討会」最終とりまとめでは「多様な主体による地域活動の展開における出会い・学びのプラットフォーム」という概念が示されている。地域づくりの過程では、**専門職による地域課題解決を目指した福祉サイド**からのアプローチだけでなく、**興味関心から始まる、人・くらしを中心に据えたまちづくりサイド**からのアプローチが交わり、活動同士が出会い、互いから学び、多様な化学反応が起こるという。当プロジェクトの狙いは、まさにこの出会いの機会を広げ、学びを深め、化学反応を誘発させるところにある。

　何かを企画するとなると、まずはどういう目的で実施して、最短でどのような成果が得られるかなど、ともすれば目的合理的な議論が先行しがちである。一方、当プロジェクトでは、目的はほどほどに無駄をも楽しんでしまう場づくりを目指している。地域の雑多な集まり、見え方や考え方、身体の動かし方がちがう人たちが共同作業すれば、当然ながらうまくいかないことも出てくる。しかし「うまくいかない」からこそ共に考えるプロセスや新たな役割が生まれる。現代人が避けてきた余計なこと、わずらわしいこと、面倒くさいこと、ぶつかることが、共生社会では互いの信頼関係を結び、安心感や充足感、幸福感を生むきっかけになるかもしれない。未来を生きる若者達には、様々な人たちと遠回りをして、これら正解のない問いへの答えを探究し、そのプロセスを楽しむ柔らかな感性を身につけてもらいたい。「タイパ」という言葉が流行する昨今だからこそ、時間に追われながら損得で物事を判断する世界とは対極の価値観をも大人達が身をもって示し、子ども・若者達にしっかりと伝えていきたい。

愛徳園が行う地域貢献活動

南部　光

● profile
なんぶ・ひかる
社会福祉法人愛徳園
障がい者生活支援施設 ビンセント療護園
（通所部門グレイス）主任

1 地域貢献委員会を発足

当法人は和歌山市にて主に障害福祉事業を中心に、キリスト教の愛の精神をもとに「共に生きるあなたと私」を合言葉に運営している。開園当初は肢体不自由児施設だけだったが、開園60周年を迎え、現在は児童から成人までを対象に13事業を運営するまでになった。職員も約３００人と多種にわたる専門職が入職している。

その知識と技術を生かし、愛徳園独自の委員会を組織し、医療・福祉サービスの向上を目指している。その中で地域貢献委員会を発足させ、事業所近隣の地域を中心に地域貢献活動を実施するようになった。

当法人は設立当初より「愛徳祭」と銘打ち、障害者と地域住民の交流の場として盛大に開催してきた。地元自治会の賛同もあり**「愛徳祭　今福ふれあい広場」**という名称で、地域住民とともに開催するイベントになっている。

2 民生委員、社協の協力を得て

福祉分野の職員が中心となり和歌山市今福地区における地域の福祉課題や生活課題の模索が始まり、地区の民生委員や社会福祉協議会の方々の協力が得られ、少子高齢化に伴う様々な問題や課題を身近に知ることになった。

そこで、今福地区社会福祉協議会と共催で一人暮らしの高齢者を対象に**「ふれ合いお食事会」**を企画、実施していくことになった。愛徳園としての協力は会場と食事を提供、送迎希望者の送迎を実施している。

平成28年度の社会福祉法人改革を機に、法人職員の多職種性を活かし職種の垣根を超えたアイデアを広く募れるように地域貢献委員会を再組織し、業務の一環として活動を位置づけ、医療・福祉のメンバーで組織した。そこでは、地域社会の問題を各職種の目線で考え、児童虐待や独居高齢者における孤独問題や発達障害者の社会資源の不足など様々な問題を取り上げた。

結果、地域の一人住まいの高齢者を対象に**「ふれあい食事会」**、児童を対象に**「わくわく宿題サポート」**、地域の憩いの場を提供する**「喫茶あおい」**、地域の子供を対象に**「あいとく子供食堂」**を実施することとなった。

・喫茶あおい

法人内の多機能型事業所のサロンを使用し、地域の方の憩いの場を提供する目的で喫茶店のような部屋を設置、毎週火曜日に就労支援事業エンジェルハウスで作った手作りパンの販売とカラオケ提供をしている。地域のお年寄りが集まりカラオケを楽しみながら交流を行い、帰りには手作りパンを販売している。最近では高校生や幼稚園児まで幅広い年齢の方が利用している。

・あいとく子供食堂

子供の貧困と居場所作りを目的に子供たちに何かできないかと、人員、対象者や地区、広報、資金、調理、食材の調達方法や調整方法を、当時の委員メンバーで話し合った。地域貢献事業はあくまでも通常業務を行いながら実施するため営業時間外の実施となり、職員ボランティアや地域のボランティアを募集し人員確保した。

対象者は、地域の子供を中心に声をかけ、小学校に協力いただいた。地域の回覧板と職員の子供にチラシ配布を依頼し広報している。

資金は、公的助成金や他団体、個人の寄付と法人の持ち出しで行っている。

調理は、地区の主婦がボランティアで調理し、食材はフードバンクや地域の農家からの寄付などで調達している。

令和4年、再開しても飲食はできず、地域の商店の協力で弁当をテイクアウトで準備して、ゲームや創作などを計画し活動を再開している。

3 持続可能なシステムづくり

法人として地域貢献事業経費の捻出が経営的に困難になっている。しかし、これらの活動は法人にとって、目に見えない波及効果もある。それは人材育成と対外的アピールの効果である。

子供食堂に子供を通わせていた保護者がこんな職場で働きたいという希望があったり、子供が施設を訪れることで医療や福祉の現場をみる経験であったり、職員と活動を通して関わることで職種を知るきっかけになったり人材育成の効果があり就職にもつながる。

また、地域住民の事業への理解は十分に広がっているのは確かである。法人職員が活動を通し様々な人と関わりを持つことで、法人職員自身の社会経験にもつながり、同時に法人の活動自体の広報にもつながり、対外的なアピールの効果が見られる。

このように、地域貢献活動そのものの公益性だけではない、法人にとっては魅力的な活動になっている。法人としての地域貢献活動を長期的に継続できるように組織や内容などの運営を常に見直し再構築し、持続可能なシステムづくりが今後も必要である。

出会いの工夫で生まれる「福祉」の芽生え

見る視点を障がいから、その人自身の良さへ

福丸美江

● profile
ふくまる・よしえ
宮崎県都城市立明道小学校教諭。社会福祉法人都城市社会福祉協議会福祉教育授業プログラム検討委員として福祉教育ハンドブック作成に携わったことをきっかけに小学校における福祉教育に興味をもち、体験・交流を工夫した実践を行う。

総合的な学習の時間に福祉体験を行うにあたり、障がいへの理解は「大変そう」「かわいそう」等の一面的な捉え方にとどまることが少なからずある。しかし、同じ地域に住みながら、その一面的な見方で相手を理解するだけにとどまりたくないと考え、社会福祉協議会の協力と知恵をお借りして本プログラムを作成した。

これまでは、事前に自分たちで調べ学習を行った後、聴覚障がいの方に来ていただき、普段の生活の様子を聞いたり質問したりしながら障がいへの理解を深めていた。

しかし、本プログラムでは、事前の学習はもちろん行った上で、出会いの場を身近な遊び（軽スポーツ）に変え、遊びを真ん中にそこから生まれる交流の輪を通して、聴覚障がいへの理解を深めた。

社会福祉協議会の方も私自身も初めての取組で、うまくいくのか不安ではあったが、実際に行ってみると私たちの想像以上に、子どもたちは自然とルールの確認を身振り手振りで伝え合ったり、点が入るとハイタッチをして喜び合ったりした。そこには、「障がいのある方は大変そう」「特別な人」等の狭義の福祉観はなく、「話したい」「共感したい」「もっと相手を知りたい」といった、その人自身との関わりを純粋に求める子どもたちの姿があった。

実際、休憩の時間には、自分の名前の手話を尋ねる子どもや「嬉しい」等の気持ちを表す手話を尋ねる子どもたちが、来てくださった聴覚障がいの方を囲んだ。今では学級で手話会社を作り、昼休みに覚えた手話を披露したり教えたりする子どももいる。そして、何よりうれしいのは、また一緒に遊びたいと願う子どもたちの姿である。

後日談だが、来てくださった聴覚障がいの方たちも、同じようなプログラムでまた体験活動を行いたいと言ってくださったようだ。

子どもたちは自主性と探求心を備えており、あとはどう出会いの場をつくるかが大切だと感じた。出会い方を一つ工夫することで、障がいへの理解にとどまらず、障がいの向こうにあるその人自身の良さをも発見できることがわかった。相手を知りたいと興味をもち、自分を知ってほしいと再会を願う、それこそが福祉の芽生えではないかと感じる。

明道小学校４年

「ときめき学習」（総合的な学習の時間）

担任　福丸美江

○ 内容　「発見キラリ人！軽スポーツを通じて地域の方と交流しよう」

○ ねらい　軽スポーツを通して聴覚障がいの方のキラリと光る良さや、自分とのちがいに気付き、自分がこれからできることは何かを考える。

○ 活動計画

学習活動及び学習内容	授業者の働きかけ	児童の意識の流れ
1　本時の学習のねらいを知る。 ○本時の活動内容（軽スポーツ）を知り、地域の方との交流会に意欲をもたせる。	○自己紹介を通して、手話やそれを通訳されている方に気付き、コミュニケーションの取り方を考えるきっかけを作る。	・耳の不自由な方とどのように会話すればいいのかな？ ・一緒に遊びができるかな？ ・ルールが伝えられるかな？
軽スポーツを通して、地域の方のすごいところを見つけよう。		
2　軽スポーツの説明やルールを聞く。 ※スポーツ指導員の説明を手話通訳により伝える。	○チームを色分けし、グループの一体感を持たせ、所属意識を高める。 ○勝敗の喜びや悔しさを共感できるように、ジェスチャーや手話を事前に教えてもらう。	・手話でルールを理解するってすごいな。 ・分かりやすいジェスチャーで、これなら自分もできるな。 ・私のすごいところも見てほしいな。
3　軽スポーツを通してお互いの良さを発見する。 チームを作り、時間を区切って３つの競技すべてを体験する。 ○軽スポーツ ・輪投げ ・オーバルボール ・ラダーゲッター	○３つの軽スポーツが時間内にできるように、グループを編成する。 ○コミュニケーションを多く取ることが勝つことへ繋がると伝え、自分たちから話しかけるよう促す。 ○良いコミュニケーションの取り方をしているグループを紹介し、真似をさせる。 ○熱中症対策のため、休憩はこまめに取りながら行う。	・耳が不自由だけど、私と比べて軽スポーツがとても上手だな。 ・投げ方を真似てみよう。 ・「頑張って」と伝えたいな。 ・ジェスチャーを使ってたくさんお話できるな、楽しいな。 ・簡単な手話でたくさん気持ちが伝えられるんだな。 ・軽スポーツってだれでも楽しくできるな。 ・手話で自己紹介したいな。 ・一緒に交流できて楽しかった。 ・普段はどんな生活をしているのか知りたいな。 ・もっと手話を教えてもらって、お話したいな。
4　質問に答えていただく。 5　お礼の言葉を伝える。	○たくさん質問できるように、事前に質問内容を考えて用意しておく。	・道路などで困った人を見たら、どのように声をかければよいですか？ ・手話ができなくても思いが伝わったことがうれしかった。 ・楽しい時間をありがとう。

（活動計画のみ掲載。全体はQRコードで大学図書出版HP「読者のページ」からダウンロードして下さい。）

わたしの指導案②

精神障害者のパブリックスティグマ低減に向けた授業

松本すみ子

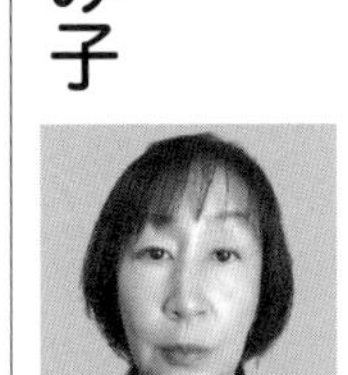

● profile
まつもと・すみこ
東京国際大学人間社会学部教授。精神科医療機関でのソーシャルワーカーを経て現職。社会福祉士、精神保健福祉士、ストレスチェック実施者、准認定ファンドレイザー。博士（社会福祉学）。メンタルヘルス課題に焦点化した福祉教育ならびに精神保健福祉ボランティア育成に関する研究と実践に携わる。

筆者は約20年間にわたり、メンタルヘルスを題材にした福祉教育（以下、メンタルヘルス福祉教育）を実施してきた。その背景には、精神障害（者）に対するパブリックスティグマ（精神障害者など社会的に弱い立場にある人に対する、一般の人々がもつ誤解や偏見のこと）がある。このパブリックスティグマは、精神障害者の地域や社会からの排除や社会参加の機会の喪失などをもたらし、その負の影響は計り知れない。

福祉教育は、このパブリックスティグマの低減に対して効果的である。メンタルヘルス福祉教育のモデル案として公立高校の生徒を対象に実施したものを例示するが、常にすべてこのとおりに行うものではない。このモデル案を基盤にして、対象者や目的などと丁寧にすり合わせを行いながら、それらに応じてプログラムの取捨選択や内容の調整、実施順番の入れ替えなど柔軟に対応し展開するものである。

実施上のポイントを4点提示する。

①授業構成：精神疾患の知識提供を行うプログラムを冒頭に設定しない。精神疾患の理解から入る授業が多々見られるが、そうすることで疾患や障害の側面が強調されすぎてしまい、精神障害者を「病気の人」「障害者」というカテゴリーで把握する傾向の強化や、その人個人（一人の人）として捉える視点が弱まってしまう懸念がある。

②過度に詳細な精神疾患に関する専門的知識を教える必要性はない。授業の主たる目的は疾患の理解ではないし（それはメンタルヘルスリテラシー教育が担う）、「自分も精神疾患なのではないか」と心配になってしまうケースもある。

③精神障害を経験した方の『語り（体験報告）』：可能であれば、複数名の精神障害者の「語り」を聴いてもらうとよい。同じ疾患名であっても、症状や生活のしづらさは異なる。「精神障害者」というカテゴリーでひとくくりに理解してしまうことは回避したい。

④グループディスカッションによる意見交換：「語り」を受けて、グループでのディスカッションを丁寧に行うとよい。他の生徒からも豊かに学びあっている。グループディスカッションによる理解の多面化・深化の効果は計り知れない。

精神障害に対するパブリックスティグマ低減に向けた授業

指導者　松本すみ子

活動過程

区分	時間	学習活動	目的/ねらい	具体的な内容と指導上の留意点
展開②(50)	50	講義２：精神疾患や精神障害、精神障害者の置かれている現状	①精神疾患・障害の特徴を理解する、　②精神疾患の治療と回復を理解する、　③偏見・差別の現状を理解する	・パワーポイントを使用し、目的/ねらいに示した内容を、わかりやすく講義する ・外部講師（医療や福祉の専門職）による講義でも可 ・過度な精神医学的な知識は必要ない。むしろ、精神疾患・障害と共に生きる精神障害者の生活や人生に関心と理解が及ぶことが必要
展開③(50)	20	精神障害を経験した方の『語り（体験報告）』から学ぶ：一人目	精神疾患・障害と共に生きること、そのしんどさ、日々の喜び、生きがい、夢、メッセージなどを理解する	・エピソードの時系列になってしまわないよう「語り」の目的を明確にしその上で目的を達成できる「語り」の構造と内容に整えることが必要
	10	休憩	一人目の「語り」が二人目の「語り」に上書きされないよう、インターバルをとる	・二人目の「語り」が一人目の「語り」に上書きされ記憶が薄れてしまう傾向があるため、間に休憩をはさむとよい
	20	精神障害を経験した方の『語り（体験報告）』から学ぶ：二人目	精神疾患・障害と共に生きること、そのしんどさ、日々の喜び、生きがい、夢、メッセージなどを理解する	・エピソードの時系列になってしまわないよう、「語り」の目的を明確にし、その上で目的を達成できる「語り」の構造と内容に整えることが必要
展開④(45)	15	質疑応答	わからなかった点、確認しておきたい点、知りたいことなどを質問し、理解する	・わかりにくかった点、確認しておきたい点、さらに知りたい点などについて語り手と受講者間の質疑応答により理解を深める
	15	グループディスカッション	他の生徒と意見交換することで、さらに学びを多様化・深化させる	・受講者は受講者同志からも多くから学ぶ。そのため、グループディスカッションは必要である ・あわせて、他のグループで出た意見などを共有することも大切である
	10	グループディスカッション発表とまとめ	他のグループで出た意見や気づきなどを全体で共有することで、さらに学びを多様化・進化させる	
	5	精神保健福祉士からのメッセージ	精神保健福祉士が日々の業務（支援）で感じていること・大切にしていることなどを知る	・可能であれば、語り手をサポートしている福祉専門職が望ましい
まとめ(5)	5	講義３：授業全体のまとめ	この授業で得た知識の日々の生活への活用方法の理解を促す	・授業で学んだ内容を、再度、確認する ・さらに、その知識を今後の自分の生活や人生にどのように活かしていくかというアクションプランにつなげることが重要

本研究は、JSPS科研費の助成を受けたものです（2023年度 基盤研究(C)一般 23K01821）「精神障害者のパブリックスティグマ低減に向けた効果的な介入方法の開発に関する研究」
本授業は、公立高校で実施したメンタルヘルス福祉教育プロジェクトチームとの協働で作成したものである。

（活動過程後半のみ掲載。全体は QR コードで大学図書出版 HP「読者のページ」からダウンロードして下さい。）

子どもを育む多職種協働

だれも“ひとりぼっち”にしない社会の創造に向けて

～豊中市社会福祉協議会における学校と福祉の連携～

新崎国広・勝部麗子

教育と福祉の協働の重要性が指摘されて久しい。しかし、福祉と教育の両者の壁は、依然として高い。今回は、筆者も参画している両者の壁の解消に挑戦する豊中市社会福祉協議会の「学校と福祉の連携プロジェクト」が展開される背景や地域福祉を推進するための福祉教育機能の実践を紹介する。

● profile

あらさき・くにひろ
一般社団法人ボランティアセンター支援機構おおさか代表理事、ふくしと教育の実践研究所SOLA(Social–Labo)主宰、社会福祉士

かつべ・れいこ
社会福祉法人豊中市社会福祉協議会福祉推進室長。昭和62年に豊中市社会福祉協議会に入職。平成16年、全国で第1号のコミュニティソーシャルワーカー。NHKドラマ「サイレント・プア」のモデル。

本コラム「子どもを育む多職種協働」では、毎回の特集と連動したテーマにおける子どもを育む様々な多職種連携・地域協働による福祉教育・ボランティア学習実践を紹介し、協働のポイントや課題について考察していく。

本誌37号のテーマは、〝重層事業と地域共生社会をめざす福祉教育〟である。重層的支援体制整備事業について、本稿で解説する紙幅の余裕はないが、今回は、申請制度の弊害として指摘される〝制度の狭間〟や〝セルフネグレクト（インボランタリークライエント）〟といった社会的課題に対して、平成26（2014）年にNHKドラマ「サイレント・プア」でドラマ化され、コミュニティソーシャルワーカー（以下、CSW）が注目されるきっかけとなった豊中市社会福祉協議会の社会的孤立に抗う福祉教育実践を紹介する。

1　実践報告
豊中市社会福祉協議会の学校と福祉の連携について

（1）見えなかった「子どもの貧困」

最近になって、7人に1人の子どもが貧困であるという事実は、マスコミでも報道されるようになった。しかし、地域の話し合いの場では、「現実問題として地域の中にそんな子がいるのだろうか？」という声が聞かれた。このことからも子どもの貧困という課題は、とても見えにくいことがわかる。

豊中市は平成16（2008）年に地域福祉計画で、CSWを設置し制度の狭間の課題を住民とともにサポートしてきた。そこで、ゴミ屋敷、ひきこもり、8050問題などこれまでなかなか表面化していなかった様々な課題に向き合いながら、支えていくための仕組みづくりを行ってきた。福祉ごみ処理プロジェクト、徘徊SOSメールプロジェクト等この20年で60を超えるプロジェクトや仕組みづくりを進めている。その中で、長い間親も子も社会から孤立し、ひきこもり状態で親が80代になって初めて表出する「8050問題」の中に小中学校の不登校から続いているケースが多いこと、また、子どもの貧困や外国にルーツのある子どもたちに対しての支援になかなか手が届かないことが気になっていた。

平成27（2015）年度から生活困窮者自立支援法がスタートし、私の勤務する豊中市社会福祉協議会（社協）も、相談窓口を担うことになった。すると、夏休みになると給食がなくて極端に体重が減ってしまう子や、ライフラインが止まってしまってお風呂に入れないという子、お金がなくて今晩食べるものがない、というような相談が、少しずつ寄せられるようになった。

このように相談窓口までたどり着くことができるのはごく一部の人たちであり、子ども自身はSOSを出すことはできない。そういう人たちに届く体制をどう作っていけばいいのか。NPO法人や主任児童委員、教育関係者、子ども政策に関わる市の関係者とも連携して、平成28（2016）年度から3年間「子どもの居場所づくり地域福祉モデル事業検討委員会（以下、検討委員会）」を立ち上げて、本格的に考え始めた。

（2）困っていると言えない子どもの気持ち

このような取組を始めた頃、ある中学校の先生が相談に来られた。お弁当の時間になると必ず廊下に出て行く子がいる。「どうして食べないの？」と聞くと「お腹がすいてない」と言う。でも次の日もまた廊下に出ている。それが何日も続いたため、先生が買ってきたおにぎりを子どもに渡すと美味しそうに食べている。その様子を見て、先生が家庭で何かあるんじゃないかと、社協に相談が入ってきたのだった。子どもは親をかばうため、なかなか先生は生活実態を把握することが困難である。また、先生が実情を聴いたところで解決する方策がわからないため、積極的にかかわることも進まないのが現状だった。そこで、このような先生の想いに連携できないかと考えるようになった。

（3）「出会いと学び合いの場」としての子ども食堂

「月1回だけ子どもにご飯食べさせたからって、何の支援になるの？」「月1回だけ学習支援をやって成績が上がるの？」という批判的な見方もある。でもいちばん大事なことは、その場を通じて、子どもがいろんな大人に出会えること。そして、自分を認めてくれる人に出会うことで自信をつけていくこと。子ども自身が毎日学んで、週1回学習支援を受けて、月1回みんなに報告して、ほめてもらう。子ども食堂がそういう場になっていくことで、どんどん子どもたちの自己肯定感が上がっていく様子をたくさん目にするようになった。

一般的に、学習習慣を持てない家庭、「勉強したい」と言うと「学者になるわけでもないのに」と親に言われてしまって、勉強したいという気持ちを持つのが難しい、そういう家庭がたくさんあることがわかってきた。たとえ月1回でも、自由に何を言ってもいい場所に来て話をすることで、自信を取り戻したり、チャレンジできる気持ちになれる。近所に住んでいる子ども食堂の人たちからも「元気でやってる?」「宿題やった?」と日々声をかけてもらって、生活を立て直していく。また、人生も高校受験もあきらめていた子が前向きになり、周りの大人たちも本気でその子を支えようと、自分たちにできる最大限の応援をして、合格できたという経験もあった。高校生、中学生という時期に、どんな人に会ったかによって、その後の人生は大きく変わる。こうしたことが子ども食堂の価値なんだということが、委員会の中でも共有されるようになった。

(4) 3つのパターンで子ども食堂を展開

1箇所だけだった子ども食堂は、現在、40箇所に広がっている。検討委員会では、課題によって3つのパターンに分けて考えようと**豊中版の子どもの居場所地域福祉モデル**を整理した(図1)。

1つめは、小学校区の子ども食堂。行きたいと思ったときに、親に援助してもらえなくても子どもが自分でいける場所を作る必要がある。現在、豊中市内で4つの子ども食堂が小学校区にあり、そのほか、夏休みなどの長期休暇のときに見守りができる臨時子ども食堂なども実施している。

2つめに、近隣だとかえって行きにくいという子どもたちもいるので、少し広域で、送迎つきで社会福祉施設を利用して夕方から行うトワイライト型子ども食堂も施設との協働で実施している。

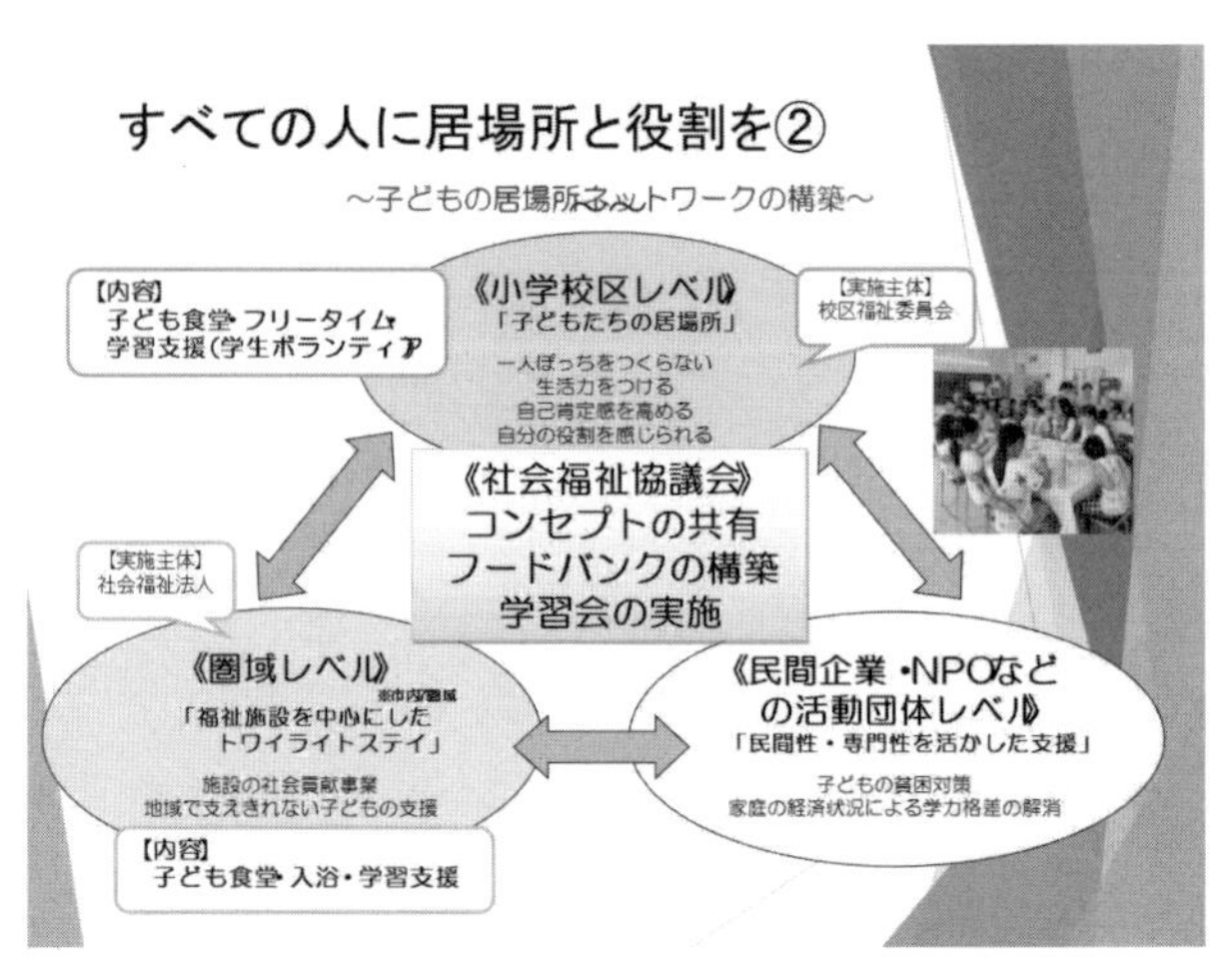

図1　豊中市の子どもの居場所地域福祉モデル

3つめとして、子どものために何かやりたいという大人たちへの支援がある。たとえば居酒屋さんが店を開放して子ども食堂を始めようとしたり、住民が子ども食堂を始めようとNPOを作ったり、有志のボランティア活動など、様々なグループが生まれている。ただ、どうやって子ども食堂を始めたらいいか、どうしたら続けていけるかというノウハウ、衛生面などの悩み事があるので、社協が立ち上げ・継続支援を行っている。

豊中市内に、こうして様々な居場所ができたことで、いろんな課題を抱えた子どもと出会ったり、当初見えなかった子どもの貧困の課題が見えるようになってきた。経済的な貧困だけでなく、人間関係の貧困、さらに文化的な貧困。例えば、家でクリスマスや季節の行事をしたことがない、一緒に鍋をつついて楽しくご飯を食べたことがない子たちもいる。いろんな経験を子ども食堂でさせていくことも大切なんじゃないかということがわかってきた。

しかし、不登校であったり困窮世帯には子ども食堂だけではなかなか生活支援につながらない。予防的な居場所に加えて直接支援の方法がないか考え始めた。

（5）学校と福祉の連携プロジェクトを始める

令和元（2019）年から豊中市社協では豊中市の委託を受けて「地域共生社会の実現のため学校と福祉の連携プロジェクト」を昨年立ち上げた。8050問題になってから求められたり、貧困の連鎖が続くよりも義務教育期間に課題を早期に発見し、福祉へつなぐことで予防的に支援ができるのではないかと考えたからである。このプロジェクトには、学識経験者、教育委員会、こども相談課、主任児童委員、校区福祉委員会、地域共生課、市社協で構成している。当初、学校現場からは「個人情報だからなかなか相談をつなげない」「どんなことを助けてくれるのか具体的に教えてほしい」という声があった。虐待については通報義務があるが、不登校や親の生活支援、外国にルーツのある人たちの生活支援や手続き支援などについては学校ではなかなか取り組めない実態があることが分かった。そこで、令和4（2022）年に**「教職員のための福祉との連携ガイド」**を作成した。子育て世帯の小さなSOSを学校現場がどう気づき、福祉とどう連携していけるのかというまた新しい挑戦が始まった。

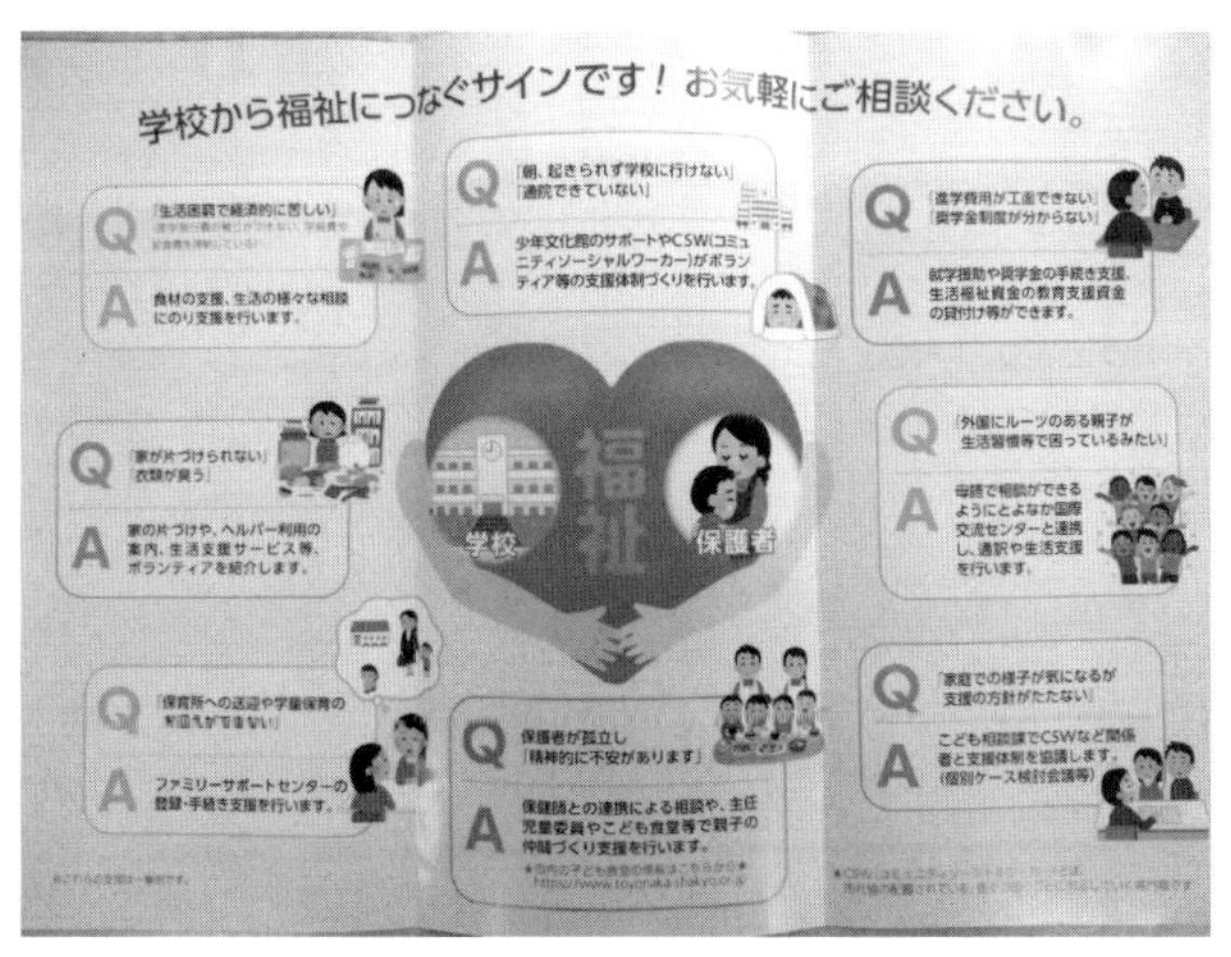

図2　教職員のための福祉との連携ガイド

このガイドブックを活用し、最初は、CSWが市内の全小学校、中学校へアウトリーチをかけ、2度目には主任児童委員に同席してもらい、学校と地域と福祉の連携づくりを進めていった。それにより学校から少しずつ相談が入るようになり、ケース検討や教員向けの学習会なども進み、福祉との連携の意義が教育現場でも実感されるようになった。

（6）コロナで始まった子ども宅食…相手に望まれるアウトリーチの始まり

一方、コロナの影響で子ども食堂も人を集めることができなくなり、テイクアウト方式で食事を渡す取組を細々と続けているところもあったが、全体としては活動が止まってしまった状況であった。その止まっている間に、地域の中で子どものいろんな問題が見えなくなっているということを、すごく感じていた。「発見力と解決力」とよく言ってきているが、地域の発見力が下がってしまうと、いろんな問題が潜在化してしまって、SOSをキャッチしサポートすることが難しくなってしまうことがわかってきた。貸付の窓口で出会った母子家庭のお母さんが、「生活がとても苦しくて子どもに食べさせることが難しい」という相談も受けた。コロナ禍で今は子ども食堂はできないが、なんとかこういう厳しいご家庭の見守りをできないかということで、社会福祉法人に相談し、お弁当を作ってもらうことになった。

社会福祉法人による愛情たっぷりの手作り弁当が訪問のツールに

子どものいる世帯の支援は、例えば、手続き支援を依頼され同行すると問題解決となり、それで支援終了となってしまうと継続的にかかわることが難しい。さらに、子どもへの行政支援は虐待などで一時保護をするなどの介入が主で、見守り型の支援がほとんどなかった。支援者側が「見守り」と思っても本人たちにとっては「見張」に感じたり、相手に必然性のある支援にはなっていないことから、相手に望まれる必然性のあるお弁当や食材を届ける形のアウトリーチがスタートした。最初は1食、次は5食、次は10食と増加

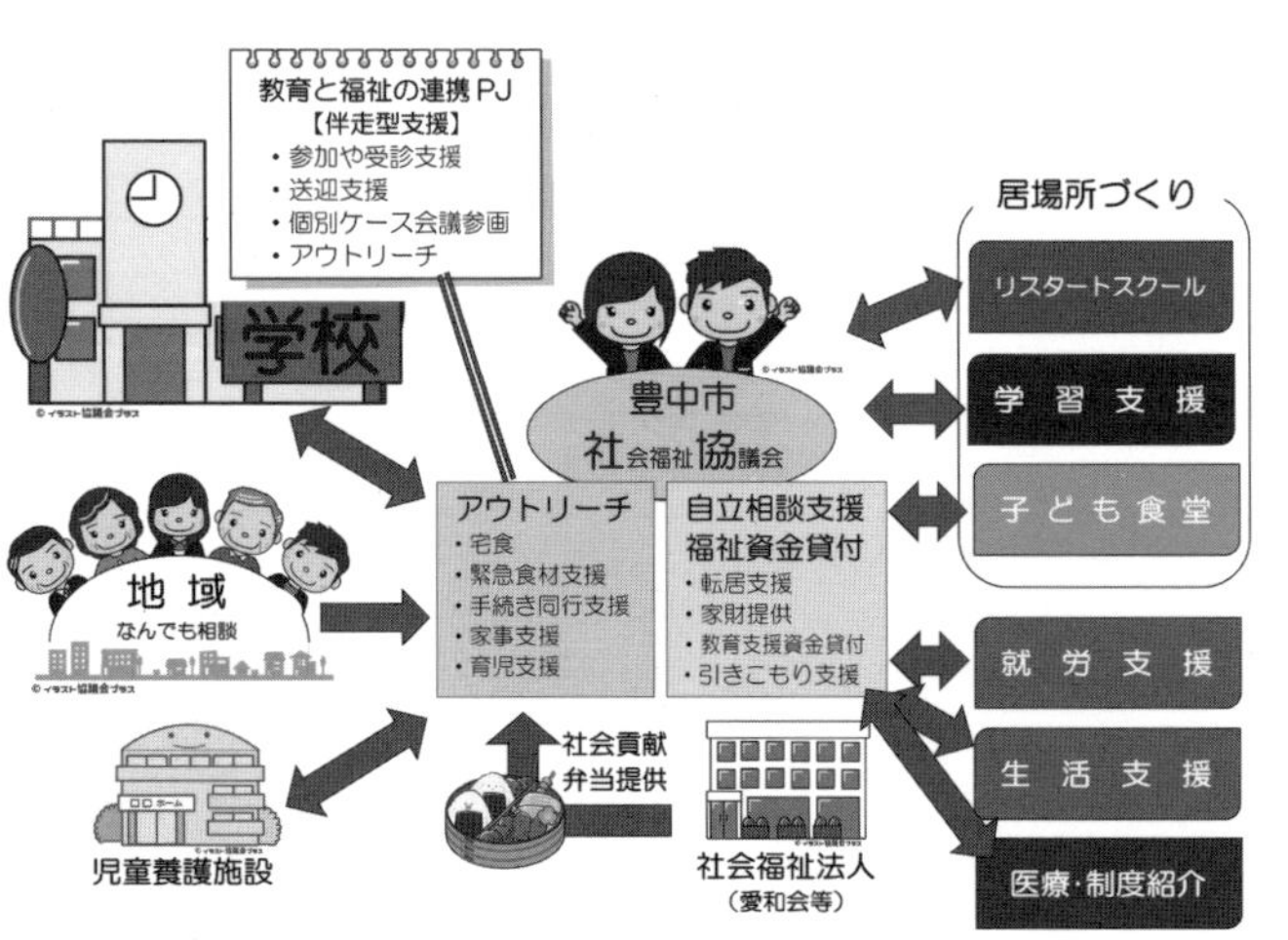

図3　学校と福祉の連携フロー

し、今では毎週40食やフードバンクのパンや豊中あぐり（定年後の男性たちの野菜作りの場）の野菜など、時には企業からの寄付のサンタブーツやケーキなどを届け、信頼関係を結び、不登校や引きこもり、生活困窮、ヤングケアラーなどの世帯の伴走型支援が始まった。家庭訪問すると、外国人の世帯が、修学旅行のしおりの意味が分からなくて説明することができたり、卒業式の服の準備、ランドセルの提供、電化製品が壊れて至急対応が必要な場に出会ったり、病院探しを手伝ったり、通院介助や、修学援助の手続き支援、家の片づけなどの生活支援等の様々な課題にタイムリーなサポートができるようになった。また、不登校の人たちの趣味を聞き、その子たちに合わせた社会参加の場を提供することや、学習支援の場を提供することもできた。さらに、演劇やアート等の文化的な集まりに誘うことで社会参加を進めることにもつながった。

(7) 子どもの貧困の3つのパターン

子どもの貧困には3つある。まず、経済的貧困。もう一つが、人間関係の貧困。これら貧困に対しては、家族の力が弱っているので家族そのものをサポートすることや多様な大人のロールモデルとの出会いが必要である。そして三つ目が文化的貧困。様々な社会参加の場がないためにチャレンジしていく機会が奪われていることが考えられる。学校現場で全体把握できる義務教育期間に学校と福祉がつながることの意味は大きい。個の予防的支援が、貧困の連鎖や8050問題の予防にもつながると感じ、実践を続けている。

2 地域共生社会の実現に資する社会的孤立に抗う福祉教育実践

今回取り上げた豊中市社協の福祉教育実践は、地域共生社会の実現に資する福祉教育実践であるといえる。豊中市社協の実践から特に学ぶべきことは次の3点である。

①潜在化していた課題に対して、アウトリーチによる積極的な個別支援から地域支援につなげるコミュニティソーシャルワーク実践を行っている点

②新しい課題が顕在化すると、その課題に対応する新規プロジェクトを立ち上げて、行政・専門職・企業・民生委員児童委員や住民によるボランティアなど、多様な個人や組織間での対話や協議による円環的な学びや社会的連帯意識が生起しており、地域福祉を推進するための福祉教育機能が展開されている点

③個々のプロジェクトによるソーシャルワーク実践を通して、「社会的孤立しやすい個人・家庭といった支援を受ける側(当事者)」だけでなく、支援する側も支援のプロセスを通して当事者性が高まり、個々の活動の意義や当事者の喜びや成長を実感することで、当事者と支援者の双方がエンパワーメントできている点

高大連携事業

これまでの高大連携の取組と今後の在り方について

長尾勝恵

普通科から総合学科に転換したことを受け、高大連携事業を教育活動の柱の1つとして活用した実践例。この取組は、生徒が自らの在り方を見つめ直し、生きる力や考える力を身につけさせたいという目標の具現化をめざした。

● **profile**
ながお・かつえ
北海道置戸高等学校長
都内大学病院において病棟看護師として勤務後、平成２年から、高校教員。看護科教員として看護専攻科の立ち上げから養護教諭や福祉科の教員として勤務する一方、総合学科への学科転換などにも取り組んだ。現在、管理職として８年目を迎える。

Ⅰ　はじめに

教諭として札幌圏にある総合学科に平成13年度普通科から総合学科への学科転換と同時に異動となった。そこでは、校長直轄の総合学科推進委員会への所属を命じられて主に総合学科の推進業務を担当した。その委員会では学科転換に関わる様々な職務に加え中学校と専門学校、大学などへの広報活動も重要な業務であった。自分の担当教科は看護・福祉科であり、訪問介護員2級資格取得（現在、介護職員初任者研修となっている。以下、「初任者研修」と略す）の養成を異動と同時に担ったため、他教科の教員と比べると、地域に開かれた学校を意識しながら日々、業務にあたっていた。

高大連携とは、高校と大学がどのようにつながるかということが重要である。高校にとっての大学は、生徒の貴重な進学先であるとともに、何らかの有形無形の利益が望めるところである。また大学にとっての高校は、学生を送り出してくれる機関であり、地域貢献や大学振興の場となる。

高大連携とは、相互にコミュニケーションを図ると共に高校に在籍しながら大学の先生の講義を受講することができたという、生徒にとってはまたとない貴重な体験になるものと確信していた。それまで生徒自身が自分の進路選択に対しての真剣さがあまり感じられずにいた時、新たな道筋が見える重要な場になると考えていた。

実際、高大連携授業を受講した後、進路について真剣に向き合う生徒も多くなり、連携授業を受講していない生徒に対して、受講している生徒が受講内容について自信をもって自分の言葉でレクチャーしている姿などを見ることができた。また、就職・進学の面接練習の際、高校時代の思い出について語る時、受講した講義や大学の先生との関わりに触れ、自己肯定感が満たされている様子がうかがえた。

さらに、教員自身の教育力向上にもつながるという気持ちがあったため、そのことを特に意識的に動くようにしていた。

Ⅱ　高大連携の取組～総合学科での実践から～

1　藤女子大学・人間生活学部との連携

(1) 導入

筆者が異動した平成13年度の勤務校は、普通科から総合学科に転換したばかりであったため、専門科目の授業開始は14年度からであった。

看護・福祉科では、地域の教育力を積極的に活用し教育効果を高めるために、高大連携による教育を推進した。そして、「藤女子大学・人間生活学部」の協力を得ることができ、平成19年度からは、入学生用のシラバスに「藤女子大学・人間生活学部の教授陣による講義も含む」との記載をすることが可能となった。

※詳細は〔「藤女子大学・人間生活学部」との連携の実際〕参照 (詳細はQRコードでダウンロードして下さい)

(2) 目標と方法

看護・福祉科では高大連携を推進してゆくにあたり、校内においては以下の点を連携事業の目標として連携先との調整を進めている。

① 単位制の特徴を生かしながら、大学での講義を受講させ、生徒の学ぶ範囲を広げる。

② 幅広い学習の機会を通して、生徒の学習に対する興味や関心を高め、知的好奇心や可能性を引き出す。

③ 学習の内容や目的を考えさせ、生きる力を育成する。

これらの目標を念頭に置きながら、さらに看護・福祉科としては、「福祉」という教科を通し、高大連携を活用して次のような目標を立てた。

① 生徒の好奇心を刺激し、学ぶことやわかることの楽しさを体得させ自ら学ぼうとする意欲を喚起すること。

② 物事を多角的に捉え、考える力や人としての温かさや豊かな心を育成すること。

実践方法は、平成14年度より大学の教授陣によるリレー形式とし、高校の教室で演習を交えながらの授業とした。

なお、授業時間は1コマ50分で2コマ続きで実施するとともに、毎時間、高校の専任教諭が授業に同席した。また、教授陣の講師料は、道費の「総合学科　民間非常勤講師」費用から支出していた。

（3）具体的な指導ポイント

①緊張感をもって授業に臨むようにするため、「藤女子大学○○先生の講義」と、あえて大学教授による授業であることを明確に示し、意識させた。

②授業のレポート（A４判1枚）を翌日までに必ず提出することを義務づけた。

③レポートには授業内容（表面）と、自己評価と反省、感想（裏面）を記入させるようにした。

④レポートは必ず、担当教員が添削し、生徒の理解度の確認や授業に対する反応の把握に努め、授業改善に活用することとした。

⑤レポートは年度末に整理し、次年度の授業の参考資料となるよう、講義を担当した教授陣に提供した。

（4）実践状況

①２００２（平成14）年度

連携授業の準備のため、講義開始は秋からとなった。当初は、生徒の参加意識に不安感を抱いていたが、授業態度は非常に良く成果があった。また、慣れるに従い聴くだけの姿勢からノートを取りながら授業内容を理解できるようになっていった。

②２００３（平成15）年度

受講生を固定するため、1科目の実施に限定した。生徒は固定できたが、教授陣の固定が困難であり、生徒とのコミュニケーションが充分に取れないという反省点が浮き彫りになった。

③２００４（平成16）年度

前年度の反省を踏まえ、教授の固定化をできる限り図るように努め、落ち着いた授業環境の整備を行った。初任者研修の履修科目の中に、連携授業を位置付けた。このことにより、受講態度や姿勢に積極性が見られるようになった。

④２００５（平成17）年度

連携授業を、学校設定科目「福祉概論」に位置付けることとなり、形式と内容が整備された。

「福祉概論」は、２・３年次生の合同授業であり、当初は学習歴の差が学習進度や理解定着に対する影響を危惧したが、意欲と意識の高い集団で少人数であったことも幸いし、差の出ることはなかった。また、２・３年次生の合同授業であることにより、上級生が下級生の指導を自然に行うなどの良い面も見られるようになってきた。

⑤２００６（平成18）年度

高大連携の授業に対する関心の高まりからか、2年次生の受講希望者の増加がみられた。

（5）評価

高校では、毎月の教科会議において担当者から実施状況を報告していた。年度末には実績を集約して大学担当者に報告を行い、次年度の予定を依頼するタイミングで振り返りを行った。しかし、教授陣の意見は担当者から聞くだけであり、授業担当者全員での情報共有を行う場を設けることまではできなかった。

2 北星学園大学・社会福祉学部との共同研究

学科転換時、私は養護教諭と看護教諭の経験はあったが福祉科の免許はなく指導経験もなかった。当然、福祉の現場も知らなかったため、「北星学園大学・社会福祉学部」の教授に高大連携の依頼をしつつ、福祉について学ぶ機会を模索していた。

さらに「北星学園大学高大連携プログラムにおける〔④教科教育法コンサルテーション（共同研究）〕」に誘っていただき、平成18年度から23年度まで大学と札幌市内の普通科高校に本校の看護・福祉科も加えていただき、3者で研究を行うこととなった。

そこでは毎年、道内高等学校・大学、途中からは専門学校の関係者にも呼びかけ、シンポジウムを開催していた。シンポジウムでは、高等学校教諭としての立場から様々な意見を述べさせていただいた。特に当時の勤務校では初任者研修の養成も行っていただいたため、教養としての福祉と職業としての福祉のそれぞれの側面から授業展開を実践している状況を報告した。

～プログラム名～

① 2006年度　北星学園大学・特定研究費　社会福祉教育における高大連携の推進に関する研究「高大連携による社会福祉教育法研修会」

② 2007年度　北星学園大学　高大連携による社会福祉教育法研修会「福祉教育における専門職業教育（就職教育を含む）・資格教育・教養教育・進学教育の在り方について」

③ 2011年度　第6回　北海道福祉教育研究フォーラムシンポジウム「福祉マインド」教育の実際「高等学校での『福祉マインド』教育の実際」

3 ゲストスピーカー

(1) 目的と方法

高校福祉科において行われている授業と教員の現状について、学生に伝えてほしいとの要請により、模擬授業・演習と講義を織り交ぜながら実施した。

(2) 実際の指導留意ポイント

① 前年度とは異なる題材とすること。
② 座学だけではなく、演習も実施すること。
③ 時には、医学的知識も盛り込むこと。

(3) 指導の延べ回数と実際

① 札幌学院大学：5年間・6回

② 北星学園大学：6年間・11回

※大学からは、年3回程度の実施を要請されていたため、複数回の講義が可能である年度には、実際に高校生が書いた授業レポートのコピーを持参し、添削指導の実際も体験できるように工夫した。

③ 藤女子大学：2年間・2回

4 その他

大学からの要請があれば、学校見学や授業見学はもちろん、教育実習の受け入れは本校以外の卒業生ではなくても、また他教科の希望者であっても受け入れた。

Ⅲ 北海道置戸高等学校と北翔大学

1 現在の本校の状況

北海道置戸高等学校は唯一の北海道立の福祉科設置校であり、福祉科の単置校としても全国唯一である。

本校は令和4年度入学生(現2年生)から3年次において次の2コースを設置した。

(1) プロフェッショナルコース

このコースは、介護のプロを目指している生徒を育成している。卒業時には、介護福祉士国家試験受験資格を取得でき、現3年生までは全員、このコースと同様のカリキュラムを学習し、3年生は全員介護福祉士国家試験を受験している。合格発表は3月のため卒業式には国家試験の合否は判明していないが、皆、一様にやり切ったという充実した表情で全員が卒業していく。

(2) ダイバーシティコース

これは今回、新設したコースである。ここでは福祉マインドを備え、様々な分野への進学・就職を目指している生徒を育成している。卒業時には認定資格ではあるが介護職員初任者研修の修了資格を手に、自分が決めた様々な進路に向けて一歩を踏み出してくれることを目指している。

2 現在の連携状況

平成24年3月に北翔大学と連携協定を調印した。現在の状況としては、北翔大学と本校が距離的に離れており連携を生かすことが難しい状況にある。過去には、本校から北翔大学へ進学し、現在、本校を含め道内各地で高等学校教育に活躍している卒業生もいる。しかし残念ながら現在は、本校から北翔大学への進学者はほとんどいない。

3 今後の連携計画

基本的には、新設したダイバーシティコースに設置している「生涯スポーツ」や「環境科学」などの科目の中で、北翔大学と広く協力していただける範囲で連携していくことを検討している。特に「生涯スポーツ」については、オンラインでの講義だけではなく、実際に現地での実地指導も必要と考えている。また、プロフェッショナルコースの「コミュニケーション技術」でも連携の可能性を示唆されているため、今後の検討となる。

Ⅳ 今後の高大連携

1 置戸町の現状

置戸町の人口は、2023年3月31日現在2620人であり、老年人口も1167人で人口の約45%が高齢者である。

そのような状況の中で地域を維持するために必要なのは、住民一人ひとりの健康寿命を延ばすことである。その対応策として、本校を中核として医療・福祉の連携をより具体的に図ることが求められている。

2 北海道医療大学との連携

現在、本校では北海道医療大学とは連携協定は結んでいないが、昨年と今年、全国福祉高等学校長会北海道地区主催の北海道地区高校生介護技術コンテストに、会場の提供と審査員の派遣をしていただいた。さらに、コンテスト終了後は学内見学と共に福祉機材の説明等をしていただき、生徒だけではなく教員も有意義で貴重な時間を持つことができた。今後も引き続き、さらに発展した交流を続けていくつもりである。

3 その他の具体策

高齢者介護の現場などでは、食の細くなった方に栄養価の高い食事をいかに効率よく摂取していただくかで苦心することが多い。そこで、東京農業大学・北海道オホーツクキャンパスの持つ分析能力と、日本赤十字北海道看護大学の持つ看護実践力を統合化させ、この課題に対応する仕組みを確立する必要がある。また、介護の現場において、北翔大学と連携した本校でのコミュニケーション技術やレクリエーション技術等を活用した活動も可能と思われる。

Ⅴ おわりに

高大連携において最も重要な「核」となるところは、「主役は生徒」であるということである。その生徒の「わかる」という活き活きとした表情を引き出すような活動の一環に、高大連携事業は大きく関わることが可能であると考えている。

今後は、高校と大学、そして地域とをいかに連携させ、教育機関発信の地域ブランドを創生していくかが鍵となってくる。その中での高大連携は、重要なポイントを占めていくものと考えている。

●参考資料

(1) 小林洋司『高大連携事業 高大連携による福祉の学び［その1］大学側からみた高大連携実践』ふくしと教育、通巻35号
(2) 長尾勝恵『高大連携による福祉教育の実践』財団法人東京海上日動教育振興基金応募論文、2008年
(3) 長尾勝恵『2つのリスク（地方消滅&地方教育機関の存亡）を回避させるマネジメントとしてのRegion&School Transformationの試み―北海道置戸高等学校を事例として―』一般財団法人リスクマネジメント協会「年次大会特別号研究論文集」2023年

ふくし原論

今、なぜ、福祉教育・ボランティア学習を推進するのか

野尻紀恵

● profile
のじり・きえ
日本福祉大学学長補佐。博士（社会福祉学）
日本福祉教育・ボランティア学習学会会長、
日本学校ソーシャルワーク学会理事、あいちスクールソーシャルワーク実践研究会顧問

わたしたちはどのようにして社会の人となり、どのようにして自己実現を果たしていくのだろうか。現代日本は、子どもから大人になりにくい社会であるといわれる。それはなぜだろうか。「ヒトは教育によって人間となる」はカントの言葉である。であるなら、現代社会における教育のあり方を問い直す必要があるのではないか。本稿では、その問い直しのプロセスの中から、今、なぜ「福祉教育・ボランティア学習」を推進するのか、について考察する。

1 歴史の中の教育と福祉

明治期後半以降の福祉と教育の関連性について、社会政策の課題、特に教育的救済、社会教育、公民館、地域福祉、社会的排除、地域福祉組織化などにおける重要なトピック、主要なポイントを流れで示したのが図1である。

現代においては、地域福祉における住民参加と主体形成は、地域社会の発展と問題解決に向けて重要な要素であり、1980年代から現代にかけて重要な議論と実践が行われてきた。

一方、2023年第4期教育振興基本計画において、随所に well-being の記述が見られる。福祉と教育の接近性はこのようなところにも感じられるようになってきた。

2 高度経済成長以前の日本における3つの教育

日本が近代国家を目指して産業を奮い立たせていた時代、子どもたちは労働の場にもいて、子どもの生活は地域・家族・労働の3つの場にあった。それらは労働を中心に重なりがあり、ほぼ一体であったが、労働のあり方の変化により、図2のように離れていきつつあった。とはいえ労働は地域の中にあり、家族の生活の場とも近いため、それらは互いに見える関係性を持ち、労働場面では労働教育（労働者となり得るための教育）、地域場面では地域教育（地域住民となり得るための教育）、家庭では家族教育（家族の一員としての役割を担い新しい家族を形成していくための教育）が展開されてきた。これ

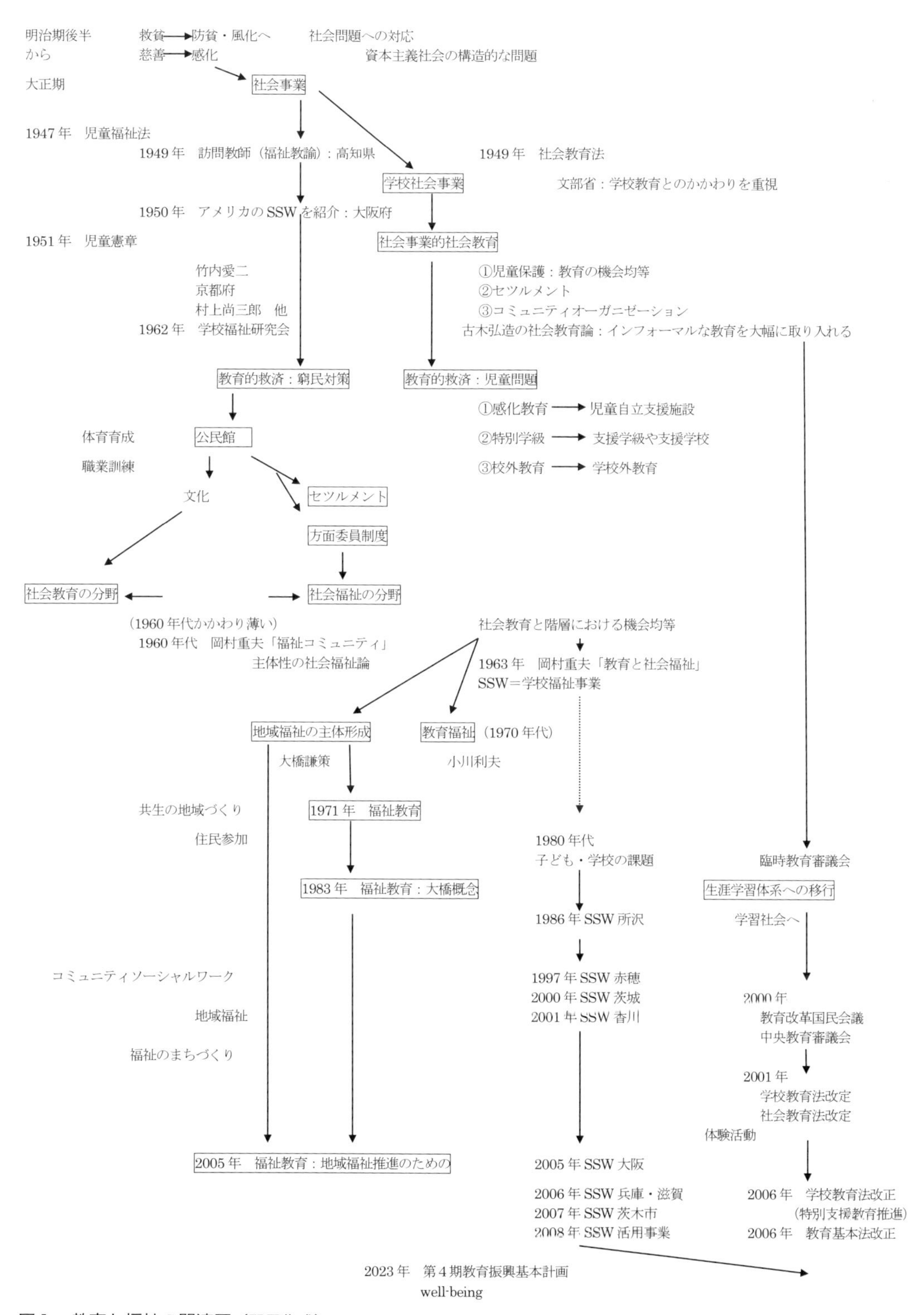

図1　教育と福祉の関連図（野尻作成）

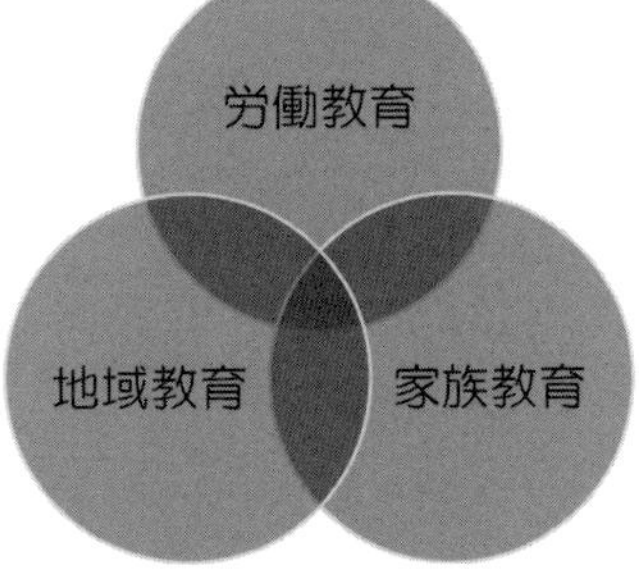

労働教育
地域教育
家族教育

図２　高度経済成長以前の日本における３つの教育場面
（野尻作成）

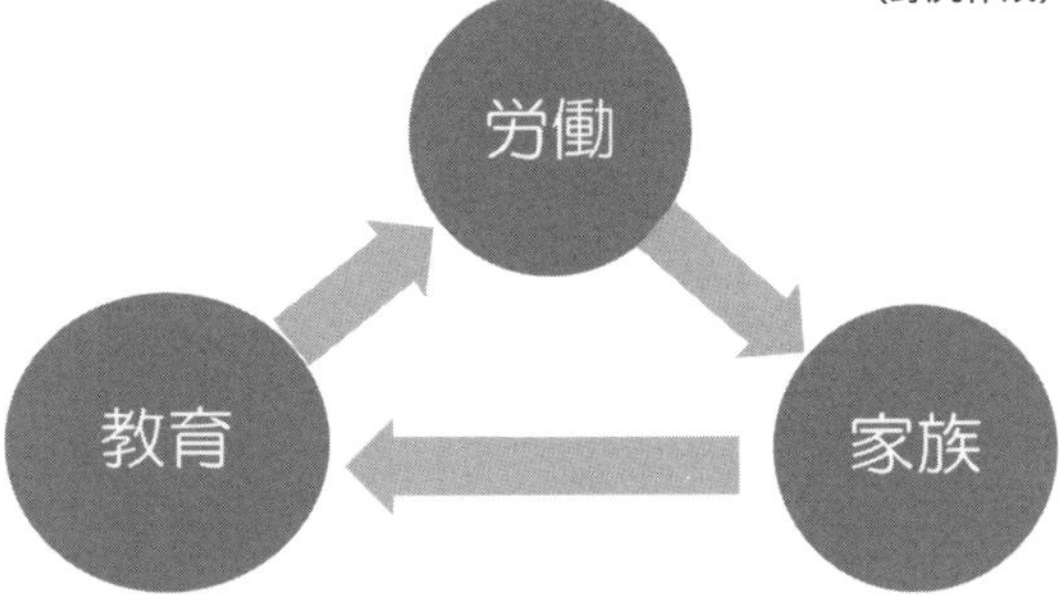

労働
教育
家族

図３　高度経済成長以降の日本における教育の分離
（野尻作成）

らは相互に重なり合いながら地域の中で人を成長させてきた。

しかし、高度経済成長以降、教育は労働から完全に分離された（図3）。また、労働は地域から離れた場所で行われるようになり、家族との結びつきも薄れ、家族教育は孤立した。その結果、教育は学校に集中するようになり、以前のような多面的な教育の形態は失われていった。これは教育のあり方と社会構造との間の相互作用による変化であり、子どもたちの教育に影響をおよぼすことになったのである。

3　日本の学校教育における差別への取組

文部科学省によると、同和問題は「日本社会の歴史的発展の過程において形成された身分階層構造に基づく差別により、現代社会においてもなお著しく基本的人権を侵害され、特に近代社会の原理として何人にも保障されている市民的権利と自由を完全に保障されていないという、最も深刻にして重大な社会問題」「広く社会の各分野にわたる同和問題の解決に当たっての教育対策は、人間形成にかかわるものとして重要な役割を果たすもの」であると認識されてきた。

よって、学校教育や社会教育を通じて、「広く国民の基本的人権尊重の精神を高めるとともに、対象地域における教育上の格差の解消と教育・文化水準の向上に努めること」を課題として同和教育の推進がなされてきた歴史があった。明治以降、被差別部落に対する差別的な制度は廃止されたが、社会における偏見や差別はなくなることなく、地域によっては、学校の教育活動を通じてその問題に取り組んできたのである。学校の教員が、偏見や差別に立ち向かうために夕方の活動を通じてコミュニティと連携していた地域もある。これは教員が学校の外で地域社会とのつながりを深め、地域のニーズを理解し、子どもたちへの支援を提供するための取組であった。また、学校教育の中にあっては、差別や偏見を根絶し、全ての子どもたちに平等な教育機会を提供するための取組が行なわれていた。社会的に経済的に不利な状況にある子どもたちが、諦めることなく自分の人生を歩むことができるよう、バックアップしていたのである。

例えば、筆者がスクールソーシャルワーカーとして勤務していた大阪府の中学校では、壁に差別的な落書きが発見された時に、教員が全員職員室に集合し、その時間以降の教科教育は中断し、各クラスで人権教育を行っていた。子どもたちが人権について、また人権を侵害する差別について、理解と共感を深めることができるように努力している姿が見られた。

また、第二次世界大戦後における在日コリアンへの差別や偏見に立ち向かう教育活動も、関西の学校を中心に行われていた記録が残っている。いわゆる在日外国人児童生徒教育は、1970年代のはじめ頃から在日コリアンへの差別や偏見をなくすことをめざして大阪市をはじめとするいくつかの地域で開始された。それに伴って、在日コリアンの子どもたちをめぐる問題を認識した教員達が、在日コリアンへの差別問題への教育実践について探究した。その重要な取組のひとつとしてあげられるのが、教員による研究・実践団体の組織と、研修会の開催である。そして、「本名を呼び、名のることのできる学級・学校づくりをすすめよう」という、在日コリアンの子どもが本名を臆することなく用いることが可能となるような学校・学級の実現をめざし、在日コリアンに対する差別の排除をめざす運動および、教育実践の目標として位置づけてきた。

現在では、同和教育は人権教育に、在日外国人児童生徒教育は多文化共生教育へと受け継がれている。しかしながら、これらは、学校教育の数ある(100以上もあるといわれている)「○○教育」の一つとして取り扱われるようになっている。

4 日本の学校教育における生活への取組

玉田(2011)は、「社会的な存在としての子どもの生活現実に立脚し、子どもの「ありのまま」の生活事実・実感を表現させる「リアリズム重視」の立場に立つ〈生活綴方〉教育運動が、主として農村部の尋常小学校の教師たちによって展開された。」と示している。現在の学校では、国語科という教科内で作文指導として限定された指導を行うのであるが、「生活綴方教育という実践は、もともと子どもがその〈生活〉を綴ることを通して、彼/彼女らの多面的な〈生活意欲〉を引き出し、生活に対する認識とその表現力を高め、そうした固有の営み(指導)によって〈生活に根ざした知性〉(思想・感情＝「ものの見方・考え方・感じ方・行動の仕方」)を育んでいく、という特質を共通にもった教育」(玉田、2011)であった。

玉田(2011)は、〈生活意欲〉を「好奇心、生活事象への働きかけ、微小なものの発見、喜びや悲しみの情感、不当なものへの抵抗感覚、あるいは切実な訴え」などとなって表れるものであると説明している。

中野(1955)は、子どもをたくましく成長させる学びと教育との根を見てとり、生活綴方教育運動を「ひろい解放運動の地下水」と見立てたのである。

しかし、この生活綴方教育運動には課題もあり、学び方の質も変化していることから、現在の学校教育の場では実践をされなくなった。

5 現代日本の学校問題および子どもの問題

明治時代以降の日本の学校における問題は、時代と社会の変化に合わせて変化してきた。戦後、日本は経済成長を遂げ、学力競争が激化した。その一方で、都市部と地方や家庭間での格差が依然として存在している。現代の日本では学力を重視する教育制度が続いている。国連子どもの権利委員会の第4・5回日本への最終所見には、「子どもたちの豊かな子ども期が奪われることなく保障されるよう」措置を望む要請が記載されているほどである。

このような社会や学校の課題の中で、2022年度の不登校の子どもの数が30万人と報告され、さらに暴力行為発生件数も過去最高となり、日本中に驚きが広がった。子どもたちのメンタルヘルスへの影響が懸念される状況である。そして、過度な競争により塾や習い事などに忙しく、子ども期に必要な豊かな体験が奪われているともいわれている。ここでいう豊かな体験とは、自然との接触や人との触れ合い、自主的な遊びや無構造な時間、多様な文化や価値観に触れることなどである。

豊かな体験により、子どもたちは知識やスキルを習得し、身体的・感情的な成長を促進し、社会的な関係を築く機会を得ることができるのであるが、豊かな体験が奪われることは、子どもたちに様々な影響をおよぼす恐れがある。例えば創造性の欠如や自己肯定感の低下、社会的なスキルの不足、ストレス、社会からの孤立感、環境への無関心などである。

特に、日本の子どもたちの自己肯定感が低いことは、深刻な問題である。これには様々な要因があるといわれているが、例えば、競争的な教育システムの影響、社会的圧力や同調圧力による感情の出しにくい社会であること、外見や成功に対して焦点を当てることが多いメディアの影響、自分と他人を競争させる文化や競争意識、自己肯定感を高めるための適切なサポートや心理的な支援の不足、過度な学業負担、過密なスケジュールによる隙間時間の不足、体験不足による社会的スキルの低さ、などが考えられる。

このような状況にあっては、子どもたちの幸福感や総合的な発達に大きく影響し、未来の生活への不利につながることが予測される。

6 今、なぜ、福祉教育・ボランティア学習の推進なのか

社会構造の変化により、労働・地域・家族の場がバラバラに存在するようになった。子どもが若者になり大人になっていくプロセスを、労働・地域・家族の場で重層的に教育が展開され、全人的な成長を見守っていた時代から、子どもの育

ちを支える教育場面のあり方が大きく変化したのである。そのような中、教育は全てにわたって学校が保障するしかない状況が生み出され、学校教育現場には様々な種類の教育が入り込んだ。一方、差別や偏見、生活に対峙し取り組んできた特徴的な教育は、時代背景とともに後継的な教育に移行し、その他多くの教育活動の一つになっていった。

ところが、現代社会から差別や偏見、生活に伴う課題が消え失せたわけではない。むしろその課題が複雑・多様化しているのである。それは、子ども自身はもちろんのことながら、子どもが生活を共にする家族が、そして家族が暮らす地域が、そしてその地域に暮らす全ての人が、それぞれに複雑で多様な生活課題を抱えているということに他ならない。つまり、これら全てが当事者となる時代を迎えたと言っても過言ではなく、持続可能な社会のあり方にも影響をおよぼすことになるだろうことは容易に想像できる。

その中にあって、福祉教育・ボランティア学習は、社会における「ふくし（ふだんのくらしのしあわせ）」を根底に据えたものとして、様々な場面（労働場面、家族生活場面、地域生活場面、学校場面…等）で差別・偏見・暮らしに向き合う教育、そして豊かな体験や共に悩み苦しむ体験という実践活動を提供することが可能なのではないか。唯一、福祉教育・ボランティア学習という営みだけが、「人間同士の関係や人間存在の意味をどう考えるかという問題」（広田、２０２２）に正面から議論できる取組である、と考えるのである。

福祉教育は、異なるバックグラウンドや価値観を尊重し、多様性に対する理解を深める機会を創出する。これは人が社会的な共感力を高め、差別や偏見に立ち向かう力の醸成に寄与する。人がより包括的で共感力のある社会を築くための土台を築く営みが福祉教育である。だからこそ、学校や地域社会や職場環境などで福祉教育を推進することは、人の成長と社会の持続性に貢献することにつながると考える。

また、ボランティア学習は、社会的貢献と個人の成長を結びつける重要な取組である。ボランティア学習の大きな役割は、学校や地域での学習と実践を結びつける機会を提供することである。ボランティア学習においては、理論や理念と実際の経験を統合することにより、人は教育の価値を実感し、学習の意義を理解するのである。

福祉教育・ボランティア学習の往還で育まれる思いと行動が、自分自身をも大切にし、他者と共に生きる社会づくりの基盤となる。

〈引用・参考文献〉

広田照幸（２０２２）『学校はなぜ退屈でなぜ大切なのか』ちくまプリマー新書
中野重治（１９５５）『母の歴史』の背景」『中野重治全集』筑摩書房
玉田勝郎（２０１１）「生活綴方の教育思想ー自己表現・自己解放の根ー中野重治と生活綴方との関わりについてー」『教育科学セミナリー』関西大学、85ー99頁

ふくし最前線

高等学校における福祉教育
これまでの取組とこれからの福祉系高校
高校時代に福祉を学ぶ意義

矢幅清司

● profile
やはば・せいじ
淑徳大学教育学部教授
岩手県出身。特別支援学校・高等学校・看護学校等の教員を経て、教科「福祉」創設にかかわる。福祉教育と福祉・介護人材養成を研究領域とする。元・文部科学省初等中等教育局視学官。

はじめに

これからの社会は、生産年齢人口の減少、情報化、グローバル化の進展や絶え間ない技術革新等により、社会構造・産業構造や雇用環境は大きく、そして急速に変化し、予測困難な時代となる。また、急激な少子高齢化が進む中で成熟社会を迎える我が国にあっては、一人一人が持続可能な社会の創り手として、その多様性を原動力とし、質的な豊かさを伴った個人と社会の成長につながる新たな価値を生み出していくことが期待される。

このような状況の中でこれからの地域を担う人材育成は学問の自由という名のもと、アカデミックな学びのみが尊重され、福祉教育の価値が評価されていないのではないかと感じる。新たな未来を創造し地域社会に必要とされる人材の育成と人格形成という教育的な視点からあらためて福祉教育の価値を見直すことが求められているのではないかと考える。

新型コロナウイルスという脅威を経験することにより世界中の人々が思わぬ規模と思わぬ仕方で繋がっていること、感染者の生命と生活を献身的に働く福祉・介護・医療などの専門従事者によって支えられていることを目の当たりにして、一人一人の生命と生活が地域に密着しているとともに、他者の活動に深く依存していることを多くの人たちが実感したのではないだろうか。

激しく変動する社会においては、地域や生活の中で主体的に思考する力やその場に応じて判断し行動する力など「生きて働く力」が求められているのである。

今こそ「福祉教育」の価値を再認識し、豊かで充実した地域社会を創造し共に生きていくために、地域と学校とが手を携えて福祉教育を推進しなければならないと考える。

高等学校において実践されてきた福祉教育について、その歴史的変遷を辿るとともに、福祉系高校の現状と価値について見ていくことにする。

1 高等学校における福祉教育の変遷

◇各地の福祉的な活動や学校独自の福祉教育の実践例

【神奈川県：社会福祉研究普及校制度】

神奈川県では戦後間もない1950（昭和25）年から全国に先駆けて「社会福祉研究普及校制度」を導入し、学校教育に社会福祉課題を意図的に取り入れ、知的理解や実践活動を通して福祉意識の醸成と自主活動へと発展させる取組が行われている。社会福祉研究普及校のひとつである上郷高校においては「上郷せせらぎ教育」として、①福祉視点による各教科での取組、②フィールドワークと体験発表会（地域社会に貢献する人間づくり体験）、③せせらぎ交流会（世代間交流）などを具体的に展開している。

取組のまとめに、「高校生という一人の人間にとって本当に必要なものは何かという、教育の原点を見据えたところから出発しなければならないということを痛切に感じる。福祉が一人一人の〈生〉の存在にかかわる問題であるということを、いくつもの小さな体験を積み重ねながら具体的に示してこそ、福祉の日常化がはじまるのであろう」は、まさに福祉教育の目指すべき方向を示している。

【島根県・松徳女学院高校】

建学の精神である「キリスト教的隣人愛の実践」の具現化を検討する中で、特別活動における福祉教育活動、地域の人々に学ぶ教育や地域社会の福祉課題を教材に取り入れた選択科目「社会福祉」を設置して、受動的な授業から能動的な授業になるように創意工夫されている。

高校生においては、自ら地域社会に参加する機会をもち社会に貢献できる体験は、社会福祉への関心や理解を深め、奉仕する心情や社会連帯の意識高揚を図るうえでも、自己形成・人間形成を図るうえでも良い影響をもたらしている。また、人を大切にする態度や広い視野が持てるようになったこと、子どもによって保護者が福祉への関心や理解を得ることができたなど、高校時代の福祉体験や学習が現在の自分の生活や家族の生き方に良い面で大いにまたは多少影響しているという人が多く、青春の真っただ中の高校時代における福祉教育の学習や体験がいかに必要で重要であるかを示している。

【島根県・5ハーツ（Five Hearts）】

益田市内の5つの高校が各学校の枠を超え、それぞれの高校の特色や専門性を活かした高校生のボランティアサークルがある。学校は学ぶ場という側面を強調されがちだが、工業や商業などの専門学科で学ぶ高校生は「地域に役立つ知識や技能」を身に付けていることから、生徒の主体性を尊重しながら関係機関と連携し地域に則した福祉教育を中心としたボランティア活動を展開している。各学校は、地域と高校生を橋渡しをするコーディネーターとしての役割を担い、「教育と福祉」の接点を維持し心豊かな福祉のまちづくりを目指しており、高校での学びを社会に還元し、地域の福祉力を高校生が創り出している取組といえる。

【北海道・函館大妻高校】

校訓「恥を知れ」をモットーに、心身ともに健康にして豊かな人間性を有し、社会の繁栄に貢献する堅実な女子の育成を基調とし、戦後間もなくの混乱の中で活動を開始した愛護部を中心として、施設訪問や募金活動などのボランティア活動に積極的に取り組んできている。

これらの永年にわたり培ってきた地域活動による地域や福祉施設とのつながりや福祉人材養成のネットワークを土台とし、高等学校における新たな福祉教育の段階として、1988（昭和63）年に介護福祉士養成の福祉科設置につなげている。

【厚生省「学童・生徒のボランティア活動普及事業」】

1977（昭和52）年、学童・生徒の頃からボランティア活動を進めることで、人の交流や福祉の関心を育むことを目的として厚生省の国庫補助を受けてはじまった取組で、全国各地で福祉教育が展開される直接の契機となる事業である。

※同年、厚生省から文部省に対し、小中学校の福祉教育の効果的推進を図るため、「福祉教育のあり方について（要望）」が提出されている。

◇介護福祉士の法制化と学習指導要領

【理科教育及び産業教育審議会答申】

1985（昭和60）年、答申「高等学校における今後の職業教育の在り方」において、「2　職業学科の改善・充実」の「（3）今後新設が適当とされる学科の例」の中で、福祉関連業務に従事する人材を育成する「福祉科」などの設置について検討の必要性を提言している。

【「福祉科について」調査研究】

1987（昭和62）年、文部省初等中等教育局において産業教育の改善に関する調査研究協力者に委嘱された「職業学科の改善・充実」グループの「福祉科部会」において具体的な調査研究を行い、「福祉科として、専門的な職業人の養成を目指すタイプと社会福祉関係の高等教育機関への進学を目指すタイプ」や「科目の種類・内容」などを示し、福祉科設置の具体的提言をしている。

【「社会福祉士及び介護福祉士法」成立】

1987（昭和62）年、進行する少子高齢社会に対応することや専門職としての国家資格確立を目指し、「社会福祉士及び介護福祉士法」が成立する。その後、全国各地における福祉教育実践をベースに、各地域からの要請と地域や学校・生徒の実態等を勘案し介護福祉士養成を柱とした福祉系高校が全国に設置されることになる。

［臨時教育審議会（第三次答申）］

1987（昭和62）年、内閣総理大臣の諮問に応じて、生涯学習体系への移行の中で「公的職業資格制度の見直し」が調査審議され、「形式的な学歴が重視される弊害を是正し、評価の多元化を図るとともに、資格を真の能力の裏付けを持ったものにする観点から、公的職業資格を見直す必要がある」として、「公的職業資格の受験等に必要な要件を見直し、原則として、学歴要件を除去する」、「高等学校職業科、専修学校、職業訓練校などで専門的な職業教育・訓練を受けるものに対し公的職業資格の道を拡大する」とされている。

この答申を受け、高等学校における専門教育において「介護福祉士」国家試験の受験が可能となるよう整理されている。

［理科教育及び産業教育審議会答申］

1998（平成10）年、高齢者の介護需要の増大及び介護サービスに従事するマンパワーの育成が社会的に要請されていることから、専門教科「福祉」を新たに設けることとしている。

［教育課程審議会答申］

1998（平成10）年、少子高齢社会に関する基礎的理解、家族関係や子育ての意義、介護・福祉など少子高齢社会の課題に関する理解を深めるとともに、実際に乳児、高齢者や障害のある人と交流し、ふれあい活動や介護・福祉に関するボランティア活動を体験することを重視する必要があるとして少子高齢社会への対応についての基本的な考え方を示すとともに、専門教育に関する教科として「福祉」を新たに設けることとしている。

［「学習指導要領」の改訂］

1998－99（平成10－11）年の学習指導要領において、特別活動：学校行事「勤労生産・奉仕的行事」に「ボランティア活動」、総合的な学習の時間：現代的な諸課題に対応する横断的・総合的な課題のひとつとして「福祉」が例示され、学校教育に福祉教育が実質的に位置付けられたことになる。

［高等学校学習指導要領に教科「福祉」が創設］

1999（平成11）年、高齢社会の進展と福祉・介護を担う人材の育成の必要性から、専門教科として位置付けた教科「福祉」が創設されている。教科「福祉」は専門教科としての位置付けではあるが、教科の内容は、福祉・介護を担う専門従事者の養成に必要な知識と技術だけでなく、福祉分野の学びを生かした進学を目指すこと、地域福祉を担う国民としての福祉的教養としての学びなどを含めて提供することを意図して構成されている。

2　福祉系高校の設置状況等

［福祉系高校草創期の福祉科設置の流れ］

・1986（昭和61）年：静岡県・三島高校・家庭科福祉

コース

・1987（昭和62）年：鹿児島城西高校・社会福祉科コース

・1987（昭和62）年：兵庫県立新宮高校・家政科福祉コース

福祉系高校は、当初、特色ある学校づくりや時代の要請を受けた学科改編、他学科の活性化や存続策、生徒の一人一人の能力・適性・興味関心・進路に対応する地域社会の要望、高齢化のニーズに対応する人材の育成などを受けて設置されたものの、全国的な指針やモデルとなる学校も無く手探りでの設置となったが、「介護福祉士」国家試験の受験資格ルートのひとつとなったことから、受験要件である科目内容や単位数等の見直しを経て、全国各地に活発に設置されるようになり、福祉・介護従事者の養成を目指す専門教育と国民としての福祉教育のバランスを取りつつ推進することになる。

［福祉系高校の設置と現状］

介護福祉士を養成する福祉系高校は、1999（平成11）年の新高等学校学習指導要領において告示され、2003（平成15）年度から実施され約20年になる。この間、教員要件の高度化や必要時間数の増加（1190時間→1800時間）など、2007（平成19）年に介護福祉士養成課程の大幅な見直しを経て現在に至っている。

◇平成19年改正前までの設置状況

介護福祉士国家試験受験に必要な教科目が福祉・家庭・看護の38単位（入学年度により必要単位数が異なる）で、教員や施設・設備等に対する要件が課されていなかったこともあり、全国で多くの福祉科が設置されている。

介護福祉士国家試験の実際に受験した学校等でみると、平成19年改正の移行期間の最終年度である2011（平成23）年が設置のピークとなっており、設置校数：227校・受験者数：9029人である。

◇平成19年改正後の設置状況

介護福祉士を養成する専門学校等と同等の要件として、施設・設備の整備、介護福祉士や看護師の資格と実務経験のある教員配置、養成時間などが課されたことから対応できない多くの高校が撤退し、各条件を整えることのできた福祉系高校で指定を受けることができたのは107校にとどまり、入学定員：3961人・入学者数：3197人（充足率80・7％）と激減し、その傾向が現在まで続いている。

しかし、地域からの強い要請もあり、全国47都道府県中43都道府県に福祉系高校が設置され、地域を支える貴重な福祉・介護人材の育成に努めている。

3　福祉系高校の特色（魅力）

［「介護福祉士国家試験」の合格率の高さ］

福祉系高校は第1回の介護福祉士国家試験から受験しており、第7回までは全体の合格率を大きく下回る1桁台から

30％程度であったが、高等学校における福祉教育の豊かな実践を目的に全国福祉高等学校長会が設立されたことにより第9回から第12回までは全体と同じ程度の合格率となり、第13回以降は23回連続で全体の合格率を上回っている。特に平成19年改正の新養成課程として指定を受けた福祉系高校の合格率は高く、第35回においては92・6％とはじめて90％を超えている。また、福祉系高校の新卒者に絞ってみると、第24回

表１　介護福祉士国家試験の受験状況（福祉系高校と全体比較）

年	回	福祉系高校			受験全体		
		受験者数	合格者数	合格率	受験者数	合格者数	合格率
1989年	第1回	51	2	3.9%	11,973	2,782	23.2%
1990年	第2回	145	7	4.8%	9,868	3,664	37.1%
1991年	第3回	381	71	18.6%	9,516	4,498	47.3%
1992年	第4回	588	196	33.3%	9,987	5,379	53.9%
1993年	第5回	698	250	35.8%	11,628	6,402	55.1%
1994年	第6回	960	347	36.1%	13,402	7,041	52.5%
1995年	第7回	1,267	449	35.4%	14,982	7,845	52.4%
1996年	第8回	1,697	737	43.4%	18,544	9,450	51.0%
1997年	第9回	3,021	1,493	49.4%	23,977	12,163	50.7%
1998年	第10回	4,101	1,954	47.6%	31,567	15,819	50.1%
1999年	第11回	5,245	2,779	53.0%	41,325	20,758	50.2%
2000年	第12回	6,157	2,763	44.9%	55,853	26,973	48.3%
2001年	第13回	7,136	3,559	49.9%	58,517	26,862	45.9%
2002年	第14回	7,483	3,150	42.1%	59,943	24,845	41.4%
2003年	第15回	8,310	4,382	52.7%	67,363	32,319	48.0%
2004年	第16回	7,973	4,203	52.7%	81,008	39,938	49.3%
2005年	第17回	8,419	4,118	48.9%	90,602	38,576	42.6%
2006年	第18回	9,260	5,100	55.1%	130,034	60,910	46.8%
2007年	第19回	8,865	4,983	56.2%	145,946	73,606	50.4%
2008年	第20回	8,877	5,107	57.5%	142,765	73,302	51.3%
2009年	第21回	8,487	4,778	56.3%	130,830	67,993	52.0%
2010年	第22回	9,068	4,981	54.9%	153,811	77,251	50.2%
2011年	第23回	9,029	5,018	55.6%	154,223	74,432	48.3%
2012年	第24回	5,681	3,720	65.5%	137,961	88,190	63.9%
2013年	第25回	5,136	3,626	70.6%	136,375	87,797	64.4%
2014年	第26回	4,772	3,400	71.2%	154,390	99,689	64.6%
2015年	第27回	4,740	3,234	68.2%	153,808	93,760	61.0%
2016年	第28回	4,583	3,076	67.1%	152,573	88,300	57.9%
2017年	第29回	3,899	2,882	73.9%	76,323	55,031	72.1%
2018年	第30回	3,486	2,610	74.9%	92,654	65,574	70.8%
2019年	第31回	3,189	2,450	76.8%	94,610	69,736	73.7%
2020年	第32回	2,917	2,273	77.9%	84,032	58,745	69.9%
2021年	第33回	2,836	2,312	81.5%	84,483	59,975	71.0%
2022年	第34回	2,816	2,290	81.3%	83,082	60,099	72.3%
2023年	第35回	2,598	2,407	92.6%	79,151	66,711	84.3%
通算		163,871	94,707	57.8%	2,797,106	1,606,415	57.4%

表２　介護福祉士国家試験の合格状況（新卒者の合格分布）

	第33回（令和2年度）				第34回（令和3年度）				第35回（令和4年度）			
	学校数	割合	合格者数	割合	学校数	割合	合格者数	割合	学校数	割合	合格者数	割合
100%	48校	43.64%	899人	42.91%	35校	31.82%	667人	32.07%	75校	67.57%	1,408人	66.76%
90%～100%	26校	23.64%	682人	32.55%	32校	29.09%	787人	37.84%	24校	21.62%	520人	24.66%
80%～90%	21校	19.09%	324人	15.47%	22校	20.00%	366人	17.60%	8校	7.21%	152人	7.21%
70%～80%	8校	7.27%	119人	5.68%	10校	9.09%	138人	6.63%	4校	3.60%	29人	1.38%
60%～70%	4校	3.64%	33人	1.58%	8校	7.27%	90人	4.33%	0校	0.00%	0人	0.00%
50%～60%	3校	2.73%	38人	1.81%	3校	2.73%	32人	1.54%	0校	0.00%	0人	0.00%
40%～50%	0校	0.00%	0人	0.00%	0校	0.00%	0人	0.00%	0校	0.00%	0人	0.00%
30%～40%	0校	0.00%	0人	0.00%	0校	0.00%	0人	0.00%	0校	0.00%	0人	0.00%
20%～30%	0校	0.00%	0人	0.00%	0校	0.00%	0人	0.00%	0校	0.00%	0人	0.00%
10%～20%	0校	0.00%	0人	0.00%	0校	0.00%	0人	0.00%	0校	0.00%	0人	0.00%
0%～10%	0校	0.00%	0人	0.00%	0校	0.00%	0人	0.00%	0校	0.00%	0人	0.00%
0%	0校	0.00%	0人	0.00%	0校	0.00%	0人	0.00%	0校	0.00%	0人	0.00%
	110校	100.00%	2,095人	100.00%	110校	100.00%	2,080人	100.00%	111校	100.00%	2,109人	100.00%

表３　介護福祉士国家試験の受験状況（福祉系高校の新卒者）

年	回	福祉系高校の新卒者			
		受験校数	受験者数	合格者数	合格率
2012年	第24回	107	2,677	2,237	83.6%
2013年	第25回	108	2,828	2,457	86.9%
2014年	第26回	111	2,662	2,346	88.1%
2015年	第27回	109	2,816	2,403	85.3%
2016年	第28回	110	2,783	2,404	86.4%
2017年	第29回	110	2,886	2,463	85.3%
2018年	第30回	113	2,701	2,339	86.6%
2019年	第31回	110	2,507	2,202	87.8%
2020年	第32回	110	2,308	2,063	89.4%
2021年	第33回	110	2,272	2,095	92.2%
2022年	第34回	110	2,301	2,080	90.4%
2023年	第35回	111	2,169	2,109	97.2%

以降は80％台で推移し、第33回ではじめて90％を超え、第35回では97・2％となっている。

国家試験対策については学校毎となるが、全国福祉高等学校長会における研修や情報交換等を通じた対応の共有化により福祉系高校全体の底上げが図られ、第35回では受験者全員が合格した学校は75校にものぼり、合格率の低い学校でも72・5％となっている。

【福祉系高校の進路状況（福祉関連分野の多さ）】

福祉系高校の10年間の卒業生の進路状況をみると、進学者の割合がわずかではあるが増加傾向を示し、就職者の割合が徐々に減ってきている。

進学者のうち福祉に関連する上級学校に進んだ卒業生の割合は5割を超えている。また、就職者のうち介護職を中心とした福祉関連分野を選択した生徒は8割以上となっている。卒業生全体の福祉関連分野を選択した割合は約7割となっており、高校時代に学んだ福祉を生かした進路選択者が多く

表４　福祉系高校の進路状況（平成25年度～令和４年度）

		令和４年度（111校）		令和３年度（110校）		令和２年度（108校）		令和元年度（110校）		平成30年度（110校）	
卒業者総数		2,497	100.00%	2,562	100.00%	2,511	100.00%	2,582	100.00%	2,771	100.00%
進学	進学者総数	1,277	51.14%	1,262	49.26%	1,171	46.60%	1,150	44.50%	1,211	43.70%
	福祉進学者数（A）	585	23.43%	644	25.14%	665	26.50%	639	24.70%	646	23.30%
	（A）の福祉進学の割合	45.81%		51.03%		56.80%		55.60%		53.30%	
就職	就職者総数	1,130	45.25%	1,219	47.58%	1,278	50.90%	1,349	52.20%	1,475	53.20%
	福祉就職者数（B）	932	37.32%	1,031	40.24%	1,047	41.70%	1,129	43.70%	1,225	44.20%
	（B）の福祉就職の割合		82.48%		84.58%		81.90%		83.70%		83.10%
福祉系進路合計（A+B）		1,517	60.75%	1,675	65.38%	1,712	68.20%	1,768	68.50%	1,871	67.50%
その他（C）		90	3.60%	81	3.16%	62	2.50%	83	3.20%	85	3.10%

		10年間の合計		平成29年度（125校）		平成28年度（112校）		平成27年度（125校）		平成26年度（144校）		平成25年度（146校）	
卒業者総数		30,027	100.00%	3,129	100.00%	3,026	100.00%	3,245	100.00%	3,867	100.00%	3,837	100.00%
進学	進学者総数	13,387	44.58%	1,465	46.80%	1,306	43.20%	1,420	43.80%	1,595	41.20%	1,530	39.90%
	福祉進学者数（A）	7,081	23.58%	699	22.30%	727	24.00%	792	24.40%	892	23.10%	792	20.60%
	（A）の福祉進学の割合	52.89%		47.70%		55.70%		55.80%		55.90%		51.80%	
就職	就職者総数	15,669	52.18%	1,582	50.60%	1,651	54.60%	1,723	53.10%	2,134	55.20%	2,128	55.50%
	福祉就職者数（B）	13,313	44.34%	1,335	42.70%	1,474	48.70%	1,553	47.90%	1,790	46.30%	1,797	46.80%
	（B）の福祉就職の割合	84.96%		84.40%		89.30%		90.10%		83.90%		84.40%	
福祉系進路合計（A+B）		20,394	67.92%	2,034	65.00%	2,201	72.70%	2,345	72.30%	2,682	69.40%	2,589	67.50%
その他（C）		971	3.23%	82	2.60%	69	2.30%	102	3.10%	138	3.60%	179	4.70%

表5　福祉系高校卒業者の就職率・県内外割合

	卒業者数	就職希望者数（人）			就職者数（人）			就職率（%）			県内外割合	
	（人）	県内	県外	計	県内	県外	計	県内	県外	計	県内	県外
平成27年度	3,200	1,402	176	1,578	1,386	176	1,562	98.86%	100.00%	98.99%	88.73%	11.27%
平成28年度	3,115	1,381	170	1,551	1,361	176	1,537	98.55%	103.53%	99.10%	88.55%	11.45%
平成29年度	2,942	1,307	165	1,472	1,286	173	1,459	98.39%	104.85%	99.12%	88.14%	11.86%
平成30年度	2,757	1,218	147	1,365	1,196	144	1,340	98.19%	97.96%	98.17%	89.25%	10.75%
平成31年度	2,582	1,126	149	1,275	1,105	154	1,259	98.13%	103.36%	98.75%	87.77%	12.23%
令和2年度	2,612	1,071	130	1,201	1,051	138	1,189	98.13%	106.15%	99.00%	88.39%	11.61%
令和3年度	2,560	1,089	99	1,188	1,068	98	1,166	98.07%	98.99%	98.15%	91.60%	8.40%
令和4年度	2,348	908	73	981	888	77	965	97.80%	105.48%	98.37%	92.02%	7.98%
	22,116	9,502	1,109	10,611	9,341	1,136	10,477	98.31%	102.43%	98.74%	89.16%	10.84%

なっている。

[地元への就職率の高さ]

福祉系高校の卒業生の就職地域をみてみると、在籍した高校のある都道府県内に就職（地元への就職）する生徒が多く、その割合は約9割となっている。地域で育成された福祉系高校の生徒が卒業後も地元で活躍し、地域の担い手となっている。

[定着率の高さ]

卒業後3年を経過した者がその職にあるかという定着率の調査をみると、高卒の離職率が全体で約4割程度となっているのに対し、福祉系高校の卒業生の離職率は約2割程度であり、大学の離職率が全体で約3割程度となっていることと比較しても低く、定着率が高くなっている。福祉系高校におけるキャリア教育の成果である。

4 高校で福祉を学ぶ意義

高校で福祉を学ぶ意義としては、「福祉」と「教育」の側面があると考える。

「福祉」の面からは、我が国の急速な高齢化の進展に対応して、新たな福祉・介護を創り出す専門的な職業人の養成、地域福祉を担い推進する市民の能力と態度を育てるなど、多様な福祉人材を育成するという時代と地域からの要請という側面がある。

「教育」の面からは、多感で自立した人間への移行期にある高校生にとって、人生をどう生きていくべきか、人間としての在り方・生き方を模索し、自己実現に向けて自らの生き方について主体的な選択と進路を決定する…他者と自己の関係性、地域社会の一員としての自覚、性差・障がい・年齢などの違いを包含し地域で共に生きること、共生社会を目指して行動する「学び」としての側面がある。

高校における福祉教育には、我が国が直面している少子高齢社会を担う福祉・介護人材の養成という職業的意義があるだけでなく、福祉に関する知識や技術を自分自身の生活に結びつけて考えさせ、生徒の生きる力にもつながる国民的教育としての意義を有するものである。

今一度、「福祉教育」の価値を再認識するとともに、豊かな実践が全国各地で展開されることを願っている。

『重層的支援体制整備事業 実践事例集』
―実施7区市の区市町村社協の取組みより

東京都社会福祉協議会 著
９９頁、５５０円

評者▼田村禎章
椙山女学園大学人間関係学部

重層的支援体制整備事業（以下、重層事業）は、市町村が行う相談支援や地域づくり支援の取組を活かしながら、子ども・障がい・高齢・生活困窮などの分野別の支援体制では対応しきれない地域住民の複雑化・複合化した支援ニーズに応えるための包括的な支援体制を図るものである。重層事業の構築には、「属性を問わない相談支援」、「参加支援」、「地域づくりに向けた支援」の3つの支援を一体的に実施することが必要とされ、２０２１年より法定化されている。

本書は、その重層事業について、社会福祉法人東京都社会福祉協議会による7つの社会福祉協議会（以下、社協）の実践事例集である。重層事業は各自治体、特に市区町村社協での実践事例はまだ緒に就いたばかりで、先行実践事例や参考書籍も少ない。そのような状況において、本書では実践事例の紹介にとどまらず地域づくりのノウハウやエッセンスについて、大きく4つの視点に重視して実践のポイントを整理している。すなわち、「それまでに地域で積み上げてきたものの延長に」「どのような層の支援を強化するか課題を絞り明確化」「継続的な関わりのプロセスを評価する」「福祉施設・事業所、民生・児童委員活動、住民活動に対して取り組みを可視化し連携」とした。また、７つの事例の概要がフローチャート化されており、重層事業についてのイメージがつかみやすいものとなっている。

重層事業では、「従来では支援につながりにくかったケースも支援会議を活用してアプローチがすすむ一方、事業を通じて顕在化した個別ケースへの対応力を強化していく必要性やそのための体制の確保、また参加支援の場づくりなどの課題もみられた」として実践の成果と課題について提言されている。重層事業における社協職員のこういった経験値（実践知）が「相互評価」となることを期待する。

『コミュニティ・オーガナイジングの理論と実践』
―領域横断的に読み解く

室田信一ほか 編
有斐閣、２７８頁、４６２０円

評者▼秋元みどり
青山学院大学シビックエンゲージメントセンター

「社会を変えていく」とは、一体どのようなことなのか？そもそも、誰が主体で、何を対象に、どのくらいの規模で取り組まれるものなのか？あらためて考えてみると、具体的な関わりには少し距離を感じるのかもしれない。それでも、私たちの暮らしを営む社会生活において、「このままではいけない」と心底思うことや、実は社会課題の当事者や隣人かもしれない自分に、はっとさせられる瞬間もある。

コミュニティ・オーガナイジング（CO）は、様々な社会状況のなかで、市民の連帯による集合的な変化を生み出すための取り組みであり、人類の歴史である。本書では主に、19世紀末から20世紀のアメリカ社会で体系化されてきたCOがベースとされており、ロシア系ユダヤ人移民のルーツを持つ、アメリカ人コミュニティ・オーガナイザーのソウル・アリンスキーの活動に基づく実践と理論の現代的広がりが、領域横断的に展開されている。また、COがアメリカの歴史や社会、文化に限定されたものではなく、多様な文脈において普遍的な原理を持つものであると同時に、国や人によってCOの解釈が異なることを前提としている。したがって、COには実践から浮かび上がる多様な側面があり、現実社会に還元可能な理論や知識の体系化を示すことが、COを研究としていくことの意義であるとする本書ならではのCOを捉える眼差しは大変興味深い。

日本でのCOとしては、NPO法人コミュニティ・オーガナイジング・ジャパンの２０１４年発足以来、各地でのCOワークショップの開催や、地域課題へのアプローチを通して、COが目指すリーダーシップと学びでつながる人々の裾野も広がっている。本書は、現代社会に生きる私たちの希望や力をお互いに照らし合い、変化を生み出す物語の土台が確かにあることを教えてくれる一冊である。

『ひとはなぜ「認められたい」のか』
──承認不安を生きる知恵

山竹伸二 著
ちくま新書、256頁、924円

評者▼楠 聖伸
全国社会福祉協議会 全国ボランティア・市民活動振興センター

地域共生社会では、子ども、高齢者、障害者など多様な人たちが、それぞれの暮らしや生きがいを大切にして、みんなで地域を作り、高め合う社会をめざしている。

本書に関連するキーワードとしては、自由、平等、相互承認などがあげられる。これらを実現するためには、個人が社会に有益な何かを提供できるといった条件付きの承認を得るのではなく、ありのままの存在そのものが認められる無条件の承認を得られることが前提となる。

しかし、現実社会では、自分は他者からどう見られているかという承認不安や、その場の空気感に同調することを強いられる同調圧力とうまく付き合うことが求められる。前者の承認不安を解消するには、他者から認められることが必要になるが、これさえあれば必ず認められるといった社会共通の価値観がないため、他者の意見を参照しながら、自分の行動を決定することも少なくない。

そこで筆者は、基本的人権を社会共通の価値観として自由に生きる権利、そして、自分の考えや価値観を信じる忍耐が必要であると指摘する。具体的には、自分で考えて行動できることと、自分の気持ちと向き合い、自己承認が可能となる基準を自分の中に持つことが必要となる。そして、自己承認ができるようになると、多様な価値観を他者の立場になって考えられる視点を習得できるようになる。

そのプロセスが条件付きの承認（行為への承認）から、無条件の承認（存在の承認）への転換につながるとし、筆者はこれが承認不安を乗り越えていく道であると提案している。

私たちが抱える承認不安を解消するための心のケアの原理を学ぶことで、自分自身とどのように向き合い、他者を受容できるのかについて、考え行動する際のヒントとして本書は役に立つ。

『優しいコミュニケーション』
──「思いやり」の言語学

村田和代 著
岩波新書、222頁、1034円

評者▼渡邊一真
日本福祉教育・ボランティア学習学会

「優しい」という言葉から何を連想しますか。という「優しい」問いから始まる。本書の根底には、社会言語学研究者である著者の「優しいコミュニケーション」とは正反対の社会になりつつあるのではないか、という現代社会への憂慮がある。

この数年、私たちは対面でのコミュニケーションが厳しく制限される、という生き方を強いられた。そこで登場したのがオンラインコミュニケーションである。社会全体からの求めもありコミュニケーションのオンライン化は加速し、私たちは一定の「便利さ」を享受することになる。

本書では、新型コロナで更に大きく変容しようとしているコミュニケーションについて「優しく」提起している。ひとつは「雑談の重要性」（2章）である。「人と人との関係性を紡ぐ」うえで雑談はとても重要なコミュニケーションなのだが、オンラインコミュニケーションが一気に広がった社会においては、その重要性が忘れられている感もある。

私事で恐縮だが、代表をさせていただいているグループの広報紙のメッセージで「伝えるから伝わるを大事にしよう」と書いた。そこには本書でいう「誰かに対する優しさや思いやり」（5章）を意識しながらコミュニケーションをしてほしいという思いを込めていた。

ロシアによるウクライナ「侵攻」は終わりを見せず、新たにイスラエル・パレスチナ問題が深刻さを増している。著者の言う「価値観や利害の異なるひとたちが『共生』し、『創発』が生まれるようなコミュニケーション」は今こそ世界が強く意識しないといけない課題である。そのためには、私たち一人ひとりが「優しさと思いやり」のあるコミュニケーションを改めて考えることが必要であろう。そのきっかけになる良書である。

日本福祉教育・ボランティア学習学会 第29回新潟大会の話題

2023年11月４～５日に新潟市において第29回新潟大会が開催された。総合テーマは「豊かさとは何か～共に生きること、共に学び合うことの価値～」。本誌では、基調講演と総合シンポジウムの内容について概要を報告する。

基調講演は、長岡市国際交流センター「地球広場」センター長の羽賀友信氏より「多文化共生の視点から福祉教育・ボランティア学習への期待」と題して、数多くの海外での支援経験や長岡市での市民協働実践についてお話しいただいた。キーワードは多様性・専門性を活かしあう仕組みとしての「協働」と「納得解」。「海外の加点主義とは異なり日本は減点主義。迷惑をかけないではなく、人に迷惑をかけながら暮らしていく社会、寛容な社会づくりが必要ではないか」、また「違う意見を言う・引き出す力・多様な意見を取りまとめる・前向きなクリティカルシンキング」をポイントとして納得解のつくり方をわかりやすく解説いただいた。

プログラム最後の総合シンポジウムでは、「誰もが共に豊かに生きることを目指して～未来へつなぐ視点～」と題して、水俣病患者の支援者である加藤タケ子氏、こども・若者のキャリア教育の実践者である小見まいこ氏、発達障害のある子どもの親でもあるお笑い芸人森下英矢氏が登壇された。加藤氏は「水俣病から学ぶことは、人は失敗をするであり、その時にどうするか、が問われている」と言う。小見氏は、離職する若者や子どもたちの無気力無関心に問題を感じ、12年前に団体を立ち上げられ、地域や学校を舞台に活動を進めておられる。森下氏は、お笑い集団として学校にアプローチ。「いじめ」「人権」などの様々な社会問題をエンターテイメント・笑いを媒介として伝えていく実践を進めておられる。

福祉教育・ボランティア学習は、学習者にとって身近なテーマ・社会課題を伝えていき、子どもたちであれば「将来やりたいこと（解決したいこと）」、大人であれば「今、地域社会に何か関わること」を見つけることを促せないかという学びを得ることができた。また、社会課題を抱える人という側面だけではなく、その人（たち）の多面性・多様性、希望や力強さに焦点を当てて伝えていくことの大切さを学ぶ機会になった。

第30回記念大会は2024年11月に日本社会事業大学（東京都清瀬市）において開催される。記念事業企画が進行中で、記念出版も来年10月に完成予定。

巻末言

ボランティアと自主性については議論が繰り返されていて、先日もプロ野球の優勝パレードと公務員のボランティアについての首長の発言が物議を醸した。重層的支援体制整備事業も国主導の政策ではあるが、その成否には住民のボランティアが大きく関わっている。巻頭言でも永田氏が「他者と協働して新しい価値をつくり出す力は、義務や押しつけでは生まれない」と述べているとおりである。今号ではこの事業を「参加支援」「担い手」「地域づくり」「連携」などから論じているが、根っこには生活者である住民自身の存在がある。社会福祉法にいう「地域生活課題」は幅広く、教育はもとより住まいや就労、孤立・孤独など生活上のあらゆることの解決が求められている。それらの課題は多様かつ個別性も高く、解決には画一的な対応だけでは極めて難しく、住民の相互の支援が欠かせない。住民の理解と参加を進めるためにも福祉教育・ボランティア学習の役割は大きい。（編集長・渡邊一真）

ふくしと教育　通巻37号
重層事業と地域共生社会をめざす福祉教育

2023年12月 1 日発行

監　修　日本福祉教育・ボランティア学習学会
Socio-education and Service Learning
編集長　渡邊一真
発行人　奥西眞澄
発行所　大学図書出版
〒102-0075　東京都千代田区三番町14-3　岡田ビル４Ｆ
TEL：03-6261-1221　FAX：03-6261-1230
https://www.daigakutosho-gr.co.jp
発売所　株式会社教育実務センター
TEL：03-6261-1226　FAX：03-6261-1230
印刷所　精文堂印刷株式会社

ISBN 978-4-902773-89-7　C3036　Printed in Japan